すべての上司・管理職、必読！

# 本当に怖い セクハラ パワハラ 問題

弁護士
神坪 浩喜



労働調査会

# はじめに　～なぜセクハラ・パワハラ問題が後を絶たないのか？

セクハラ・パワハラ問題は、後を絶ちません。毎日のように新聞やテレビで、セクハラ・パワハラ問題が報道されています。私の法律事務所にも、セクハラやパワハラで悩む方の相談が日々寄せられています。

なぜ、今、セクハラやパワハラ問題が頻発しているのでしょう？

いったんセクハラ・パワハラ問題を起こしてしまうと、相手はもちろんのこと自分自身、さらには会社や家族にまで大きなダメージを発生させてしまいます。また、会社の職場環境を悪化させ、人材の流出や企業ブランド価値を低下させ、ひいては企業としての衰退も招きかねません。

そこで、セクハラやパワハラは、未然に防止すべきですが、セクハラ、パワハラは、本能的にあるいは無意識のままに「やってしまう」という怖さがあり、その防止は容易ではありません。

セクハラは、異性に対する関心や恋愛に絡むことや、男性と女性、上司と部下の意識の違いから、無意識にセクハラになってしまうこともあります。例えば、自分にとっては真剣な恋をしているつもりが、相手にとっては深刻なセクハラだったという事態もよくあります。パワハラは、上司としては、熱心な指導、「愛の鞭」として教育していたつもりが、結果としてパワハラだったということもあって、防止するのは、そう簡単ではありません。その行為が許されないこと、悪いことと分かっていれば防止もしやすいのですが、そのような意識もなく「やってしまう」ところがやっかいなのです。

相手からそれがハラスメントだと指摘されて「えっ！これがセクハラなの!?」「こんなことでパワハラになってしまうの!?」と初めて気がつき、驚く場合も少なくありません。必要な知識がないと、ある日突然、会社のハラスメント担当者から呼び出しがかかり、あるいは弁護士から損害賠償を求める内容証明郵便が届き、呆然と立ち尽くすことになるかも知れません。そして、「自分は大丈夫」と自信がある方や、自分の会社は「セクハラ・パワハラとは関係ない」と思っている人ほど、実はセクハラやパワハラをやってしまいがちなのも怖いところです。

本書では、セクハラ・パワハラから、相手はもとより、自分自身の身を守るために、ハラスメントの基本的な知識をお伝えし、そのダメージの大きさとともに、無意識にハラスメントをやってしまいがちな構造を解説します。また、事例を多くあげながら、ハラスメント防止のために必要な知識と考え方をお伝えしていきます。

前著「セクハラ・パワハラは解決できる！〜民事調停という選択肢」（労働調査会）は、被害者側の視点からの問題解決指南書でしたが、本書は部下を持つ上司や管理職といった「加害者」になりやすい中高年男性を主に対象としています。

私自身、現在50歳であり、法律事務所の経営者で部下を持つ立場にあります。その目線から、「これは気をつけなければ」と自分自身にも言い聞かせるように書きました。

また、セクハラ・パワハラ問題の対応で悩む経営者や人事担当者の方にも参考になるようにしました。社員が読めば、「セクハラ・パワハラ研修」を受講したと同様の効果を上げられるかと思います。

セクハラ・パワハラと知らずに誰かを傷つけてしまわないように、自分や家族の人生を狂わせないために、ぜひご一読ください。

弁護士　神坪浩喜

# 目次

## 第3章　セクハラ加害者にならないために……161



## 第4章　本当に怖いパワハラ問題……215

# 第1章

# セクハラ・パワハラの基礎知識

# 1 セクハラの基礎知識

## (1) セクハラって何？

「セクハラ」（セクシュアルハラスメント）という言葉は、社会に周知されてきましたが、そもそもセクハラとは何でしょう？

セクハラとは簡単に言えば、職場において行われる性的嫌がらせ、相手の意に反する性的な言動のことです。

正確に言えば、「職場において行われる、労働者の意に反する性的な言動に対する労働者の対応により、労働条件について不利益を受けたり、性的な言動により就業環境が害されること」と定義されます。

と言っても分かりにくいですよね。具体的な事例でイメージをつかみましょう。

次の事例では、セクハラとなり得る言葉や行動がたくさんちりばめてあります。どの点がセクハラとなりそうなのかを考えてみてください。

## 心当たりはないですか？ 典型的なセクハラ事例

A子さん（24歳）は、海山株式会社営業課に所属しています。営業課には、B課長のほか六名の社員がいます。課内では、女性はA子さんだけで、その他は男性です。この営業課内で懇親会をすることになりました。

A子さんが、お店に着いたとき、先輩社員のCさんから「君の席はここだから」とB課長（男性・既婚）の隣の席が指定されていました。B課長の隣にはCさんもいましたが、B課長のグラスが空になるとお酌をするのはもっぱらA子さんでした。

B課長は、懇親会の最初のころは、仕事上の話をしていましたが、お酒が進むにつれて、「休日は何しているの？」「恋人はいるの？」といったプライベートな質問をA子さんにするようになりました。A子さんは「嫌だな」と思いつつ、あいまいに答えていましたが、B課長はなおもしつこく聞いてきました。

一方、周りの男性社員たちは芸能人Gの不倫の話題で盛り上がっており、大きな声で卑猥な話をしています。当然、A子さんにも話の内容が聞こえてきました。

一次会が終わり、二次会へという流れになり、A子さんは帰宅したかったのですが、B課長ほか男性社員らから「二次会に行こうよ」と強く何度も参加を促されたため、少しならいいかと思い、参加することにしました。二次会のお店がどのようなお店なのかは、事前にA子さんには知らされていませんでした。

二次会のお店は、女性が接客するクラブでした。店内は薄暗く、B課長やCさんが、A子さんの両隣に密着するように座りました。話題は、一次会よりもさらに卑猥な内容やA子さんのプライベートなことが多く、A子さんとしては苦痛でした。

さらにB課長から、携帯電話の番号と個人のメールアドレスを教えるように求められました。A子さんは嫌だったので返事をしなかったのですが、B課長から「緊急なときに必要だから」と言われ、断るとB課長の機嫌を損ねてしまうのではと思い、教えました。

Cさんが、B課長お気に入りのデュエット曲を入れて「ほら、A子さん、課長といっしょに歌って」とA子さんにマイクを渡しました。A子さんは嫌だったのですが、「ほら、ほら」とCさんに言われて、仕方なく、歌うことにしました。するとB課長は、調子に乗って、A子さんの肩に手を回して楽しそうに歌っていました。A子さんにとっては、とても苦痛な時間でした。それでも、A子さんは、場の空気を壊してはいけないと愛想笑いをして、B課長と歌い続けました。

A子さんとしては、途中で帰りたかったのですが、帰ろうとするとB課長やCさんから「まあいいから」と帰らせてもらえませんでした。

お店をでて、B課長から「夜道は危ないからタクシーで送るよ」と言われ、嫌だったので「大丈夫です」と断ったのですが「いいから、いいから」と、タクシーに乗せられA子さんの家の近くまで送られました。タクシーの車内では、「今度二人で食事をしようよ」と言われて……。

その後、B課長からA子さんの個人のアドレス宛に何度も「いつなら食事行けるの？」と食事の誘いが来るようになりました。

A子さんとしては、このような懇親会であれば、もう参加したくないと思ったのですが、出席を断ればB課長の機嫌を損ねて仕事に支障が出てきたりするのも嫌なので、我慢するしかないのかなと悩んでいます。

いかがでしょうか？

比較的分かりやすいセクハラ事例だと思いますが、宴席では意外とこのようなケースは多いのではないでしょうか。

ところが、このようなセクハラ行為をしても、部下の女性から「セクハラですよ！」と指摘されることはあまりなく、女性も愛想笑いをして、我慢しているために、「これがセクハラだ」と気がつかないことも多いものです。

この事例において、A子さんに対するセクハラの可能性のある行為を具体的に確認していきましょう。

**1・Cさんが B課長の隣の席を指定する**

「女性だから、課長の隣に」ということは、暗に性別による役割を要求することにつながり、セクハラになり得ます。

**2・「休日は何しているの？」「恋人はいるの？」といったプライベートな質問をする**

プライベートな質問は、質問した人との関係によっては、相手の気分を害するものとなります。基本的にNGと思っておいた方が無難でしょう。また、相手から「休日は◯◯している」と話をされたとしても、その後根掘り葉掘りプライベートな質問をするのは、やめておいた方が無難です。

### ３・大きな声で卑猥な話をする

お酒の席とは言え「他人に不快感を与える性的な言動」はセクハラにあたります。下ネタは、相手が表面上は、笑っていた、喜んでいたように見えても、内心では、嫌な思いをしている人が多いものです。

### ４・「二次会行こうよ」と強く参加を促す

宴席への参加は本人の自由に委ねられるべきものですので、参加を強く促すことはハラスメントにあたります。一回誘ってみて「ＮＯ」と言われたら、その後は誘ってはいけません。

また、一回きりの誘いでも、その誘い方が相手にとって断りにくいようなものであればセクハラになります。例えば、「二次会まで付き合うのは、この課ではマストだよ」などと言って誘うとセクハラです。

### ５・女性が接客するクラブに連れて行く

女性が接客するクラブに女性社員を誘うことは、基本的にＮＧだと考えていた方が無難です（なお、男性社員であっても、女性が接客するクラブは嫌だと思う人もいます）。

もしクラブへ行く場合には、事前に「女性が接客するクラブだけど、よかったら行かない」というように、どんなお店に行くのかを明確にした上で、相手の同意を得ておく必要があります。そうでなく、連れて行ったお店がクラブだと、ハラスメントにあたる可能性があります。

なお、カラオケボックスについても、嫌いな人はいますので、事前に同意を得てから行くようにしましょう。

**6・密着して座る、肩に手を回して歌う**

不必要な身体的接触は、セクハラにあたります。身体に触れることは、基本的にNGです。

**7・デュエットを求める**

デュエットを求めるのは、相手がその場では同意してくれたとしても、後から「セクハラ」だと言われる可能性がある行為です。

内心では「嫌だな」と思っていても、その場の雰囲気や関係性から断りにくいことも多いものです。相手の意思を尊重し、相手が断ることもできる雰囲気づくりを心がけてください。仕事関係では、基本的にデュエットを求めることはNGだと思っておいた方が無難です。

なお、カラオケで歌うのが嫌な人もいますので、歌うことを強要するのもハラスメントになります。

**8・携帯電話の番号などを教えるように求める**

本人の意志に反して、個人の携帯電話の番号やメールアドレスを教えるように求めるのは、セクハラになります。LINEやFacebookのアカウントを教えるように求めるのも同様です。

**9・宴席の途中で帰宅しようとするのを拒む**

帰宅を拒んで、居続けるように強要するのはセクハラになります。「帰りたい」という相手の意思を尊重しましょう。

**10・タクシーで送る**

仮に下心がなく本当に親切心からであっても、相手の意志に反してタクシーで送ろうとすることは、セクハラにあたります。

実際、宴席後のタクシーの車内では、セクハラが多く発生しています。部下の女性をタクシーで送ることは基本的にＮＧだと思っておいた方が無難です。大人の女性なのですから、一人で帰れます。

**11・執拗に二人だけの食事に誘う**

これも典型的なセクハラです。たとえ、相手に恋愛感情を持って誘ったとしても同じです。一回誘って断られたのなら、それ以上誘うのはやめておきましょう。もし、相手が困った様子ならば、謝罪の一言を付け加えておいた方がよいでしょう。

誘って断られた後に、職場で冷淡な態度を取ったりすると、それもまたハラスメントになります。これまでどおり自然体で接するようにしましょう。

とにかく、仕事上で関係のある異性を夜に二人だけの食事に誘うのは、相手に心理的負担をかけてしまいますので、基本的にやめておいた方が無難です。誘うとしてもまずはランチがよいでしょう。

相手にとって、上司の誘いを断ることは「気を悪くしないかな」と勇気がいることです。本当は断りたいのに、断れずに、誘いを受けることもよくあります。女性部下が、誘いを受けたとしても、自分に好意があるとは思わないようにしましょう。

この事例を通して「これはセクハラだな」という感覚はつかめたでしょうか。

## (2) セクハラの定義

セクハラ感覚がつかめたところで、セクハラの法律上の定義について改めて確認しておきましょう。

セクハラの法律上の定義は、男女雇用機会均等法第11条に事業主(つまり会社の経営者)が講ずべき措置の内容として、以下のように定められています。

**「職場において行われる性的な言動に対するその雇用する労働者の対応により当該労働者がその労働条件につき不利益を受け、又は、当該性的な言動により当該労働者の就業環境が害されること」**

分かりやすくポイントを押さえていきましょう。セクハラのキーワードは「職場において」「労働者」「性的言動」です。

## キーワード❶　職場において

前述のように、セクハラの場所は会社内に限られません。仕事とつながりのある場所、例えば出張先、取引先の事務所、顧客の自宅、取材先、業務で使用する車中、アフターファイブの宴会、宴会後の移動中のタクシーの車内も含まれます。

先の事例のように、宴会や宴会後のタクシーの車内が、仕事が終わった解放感や酔って気が緩んでいることなどもあって、会社内よりもむしろセクハラが発生しやすい場所なのです。

## キーワード❷ 労働者

労働者には、正社員だけではなく、パート・アルバイト、派遣社員も含まれます。

セクハラの典型は、「男性上司」から「女性部下」ではありますが、それだけに限りません。「女性から男性」や「部下から上司」へのセクハラもあります。例えば、女性部下から、男性上司に対して「課長は男らしくないですね」と言えば、セクハラです。

また、異性間に限らず、同性に対するものもセクハラに含まれます。さらに、被害を受ける者の「性的指向」や「性自認」に関わらず、「性的な言動」であれば、セクハラになります。

性的指向とは、恋愛感情、性的感情の対象となる性別についての指向のことを言います。男性にひかれる人、女性にひかれる人、どちらにもひかれる人、どちらにもひかれない人と、性的指向のあり方は人それぞれです。

性自認とは、性別に関する自己意識で、自分のことを男性と認識する人、女性と認識する人、どちらでもあると思う人、どちらでもないと思う人と、こちらも人それぞれです。

ＬＧＢＴ（性的マイノリティの人の総称）へのからかいや、侮辱行為、例えば「同性愛なんて気持ち悪い」といった発言もセクハラ行為となります。

ポイント解説

## 最近耳にする「LGBT」って何?

最近、「LGBT」という言葉をよく聞くようになりました。ある女性国会議員が「LGBTは生産性がない」と発言して、問題となったことがありますが、会社でLGBTの社員に向かって「LGBTは生産性がない」と言えば、セクハラになります。LGBTとは以下の頭文字を取ったものです。

①L=レズビアン：同性を好きになる女性
②G=ゲイ：同性を好きになる男性
③B=バイセクシャル：両性を好きになる人
④T=トランスジェンダー：戸籍の性別と性自認が一致しない人

①から③は、性的指向の視点からの分類となります。④のトランスジェンダーは、性自認についての分類の頭文字を取っています。LGBTは、かかる性的マイノリティの方の一部の総称を指しています。

社内だけでなく取引先や顧客との関係のセクハラもあります。

例えば、会社に営業にきた取引先の女性社員に対し二人きりの食事にしつこく誘う、医療機関で患者が女性看護師の体を触わるといったこともセクハラです。訪問介護職員やヘルパーが、訪問先の患者や顧客から不用意に身体を触れる、抱きつかれるといったセクハラ行為を受けたという被害も多いようです。また、元財務事務次官のセクハラ事件では、同氏が取材をしようとしたテレビ局の女性記者に対して「胸触っていい？」などと言ってセクハラをしたという報道がされました。

指導する立場、仕事を発注する立場、情報を提供する立場にあると、相手は「断って機嫌を損ねて、仕事や情報をもらえないと困る」といった立場から、セクハラを我慢してしまうことも多いものです。

元財務事務次官のセクハラ事件を受けて、ジャーナリストの安藤優子氏は、次のようなコメントをしました。

「私がこの世界に入ったのは21歳、大学生だった。生まれて初めて政治家のところに取材に行けと言われた。理由は『政治家はお姉ちゃんが好きだから』。最初、政治家は相手にしてくれないが、そのうち、気安く話しかけてきたり、ボディタッチされたりというのは日常茶飯事」

図表　セクハラとなる範囲

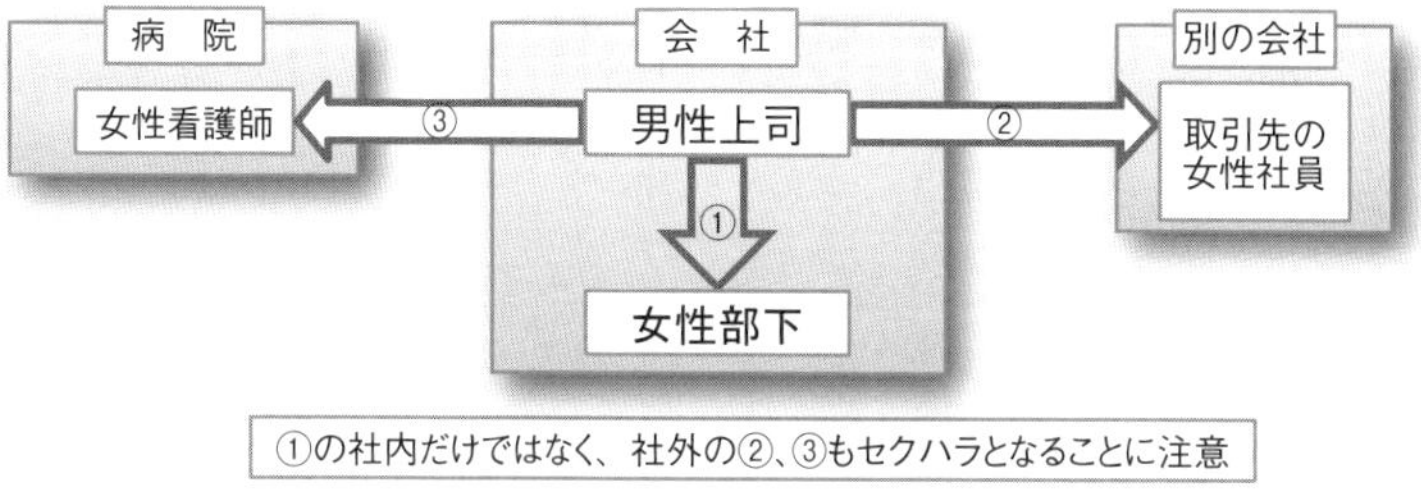


また自由民主党の野田聖子議員は、「セクシュアルハラスメントについて、軽く考え過ぎている。特に男性は。これが命取りになることをしっかり学んで欲しい。セクハラは、この程度はやむを得ない、という女性の諦めと、これぐらいはいいんだ、という男性のおごりの中で、ずっとスルーされてきたと思う。選挙に落選中、夜の酒席で一票欲しければ胸を触らせろとか、そんなの日常的だった」とコメントしました。

（出典：ロイター２０１８年5月24日）

「情報が欲しければ、票が欲しければ、胸を触らせて」というように、○○をして欲しければ性的な要求を飲んでよというセクハラの構図は、会社内の人間関係だけに限らないのです。

**キーワード❸　性的な言動**

性的な内容の発言や性的な行動のことです。

性的内容の発言の例としては、以下のようなものが該当します。

・性的な事実関係を尋ねる
「彼氏とは週に何回エッチしているの?」
・性的な話や質問をする
「最後にセックスしたのはいつ?」

「夜寂しくない?」
・性的な冗談、からかいを言う
・二人だけの食事やデートにしつこく誘う
・しつこく交際を求める
・個人的な性的体験談を話す
・容姿や年齢、身体的特徴について話題にする
・結婚、子どもの有無など私生活に関わることについて必要以上に質問する、話題にする
「結婚はしないのか?」

「子どもはまだか?」
・交際関係、恋人の有無や好みのタイプを聞く
「彼氏はいるの?」

・交際関係を暴露する

さらに、以下のような性別により役割やキャラクターを限定する発言も性的な発言にあたります。

「お茶くみは女性の仕事だよね」
「受付は、やっぱり美人な女性であるべきだよね」
「女は女らしくあるべき」
「男のくせにだらしない」
「家族を養うのは男の役目」
「この仕事は、女性には無理」
「女子供でもできる簡単な仕事だ」
「女は家庭に入って家事や子育てに専念すべき」
「男の子」「女の子」「おじさん、おばさん」と呼ぶ

一方、性的な行動の例としては、以下のようなものが該当します。

・性的な関係を強要する
・不必要に身体に触る
・ヌードや水着の写真をパソコンの壁紙にしている

・ヌード写真や雑誌などを目のつくところに置く
・抱きつく、キスをする
・酒席でお酌や隣の席に座るよう強要する

**ポイント解説**

## 「対価型セクハラ」と「環境型セクハラ」

セクハラには、「対価型」と「環境型」と二つのタイプがあります。

男女雇用機会均等法第11条の「職場において行われる性的な言動に対するその雇用する労働者の対応により当該労働者がその労働条件につき不利益を受け」の部分が対価型、後の「当該性的な言動により当該労働者の就業環境が害されること」が環境型です。

分かりやすく言えば、対価型セクハラとは、力や地位を背景に、性的な欲求を満たそうとし、満たされなければ仕返しをするという、分かりやすい「時代劇の悪代官」タイプです。

例えば男性上司が女性部下に対して、しつこくアプローチして、「自分の愛人になれば、いいようにしてやるぞ」と誘うというように、権力や利益をちらつかせて、性的な強要をするものです。そして、女性部下が断ると、一転して、威圧的な態度に出たり、無視をしたり、退職を迫るというように、その役職や地位を利用して、不利益を与えるものです。

前述の政治家や官僚が女性記者に対して、「情報が欲しければ、胸を触らせろ」と言って、女性記者が拒否したら、出入り禁止にするのも典型的な対価型セクハラにあたります。

一方、環境型セクハラとは、職場においてある労働者に対して、性的な言動が行われ、その結果、その労働者の就業環境が害されることです。

例えば、職場にヌードポスターを貼るといった視覚型、性的な話題を話すという発言型、不用意に身体に触れるという接触型があります。

こちらのタイプは、対価型に比べて、一般的に悪質性の度合いは軽度なものではありますが、やはりセクハラとして許されませんし、執拗に行われたり、注意しても改善されない場合には、悪質なものになります。また、環境型セクハラをやっている本人としては、セクハラの意識がないことも多いのも特徴です。

## (3) セクハラの歴史

かつて昭和のころは、セクハラに相当する言動はあっても、「セクハラ」という言葉はなく、その言動が「セクハラで許されない行為だ」という認識は、ありませんでした。

1989年に福岡地方裁判所に提訴された出版社へのセクハラ訴訟を受けて、セクシュアルハラスメント、セクハラという言葉が世間に認知され、広がっていきました。

この裁判では、男性編集長は、女性社員が仕事のできることを面白くなく思い、女性社員のことを「結構遊んでいる。お盛んらしい」などと言いふらしました。

原告女性から相談を受けた会社役員は、女性と編集長の調整を試みましたが失敗。結局、被害を受けた女性の方に退職を促し、女性は退職を余儀なくされました。

「なぜ自分が辞めなければならないのか」と納得がいかない女性は編集長と会社を相手に慰謝料300万円等の支払いを求めて提訴しました。この裁判の結果、編集長と会社に165万円の損害賠償（慰謝料150万円、弁護士費用15万円）が命じられました。

この裁判（福岡セクシュアルハラスメント事件）をきっかけにセクハラが世間広く知れ渡るようになり、「セクシュアルハラスメント」が1989年の流行語新賞にも選ばれました。

さらに、1997年の男女雇用機会均等法の改正で、「セクハラ条項」が制定され、

２００７年には従前は女性労働者だけだったセクハラの対象が男性労働者に拡大し、会社の義務が配慮義務から措置義務へとレベルが上がりました。

このようにセクハラが世間に認知されていったのですが、それ以前にセクハラ行為がなかったわけではありません。むしろそれ以前の方がセクハラ行為は多かったことでしょう。

かつては、先の事例のようなセクハラ行為について「嫌だな」「おかしいな」と思っていても、「そういうものかな」「これくらい我慢すべきことかな」というような社会的な圧力がかかって、セクハラ被害を受けた人も、周囲の人も「やめてください！」「おかしい！」と声を出せずにいたのです。

ところが、不必要に身体に触る、容姿や身体的特徴について話題にするといった言動が「セクハラ」という他者を傷つけたり環境を害する行為であるとの認識が広く共有されていって、「いけないことだ」「やってはいけないことだ」と問題視されるようになっていったのです。

人を人として尊重するという感度、人権感覚が、以前に比べると上がってきたと評価できると思います。

もちろん、些細な言動でも「それってセクハラ！」と、攻撃材料にしてしまうことは好ましくなく、「逆ハラスメント」にもなりかねません。

しかしながら、「セクハラにあたるのではないか」「この言動は相手を不快にさせないだろうか」という感度は、これからの時代、ますます高めておく必要があるでしょう。
自分の基準だけで「これくらいなら大丈夫」と思ってしまうと、気がつかずに、セクハラ行為をして相手を傷つけていたということになりかねません。
自分だけの基準に頼らずに、相手からも、第三者から見ても大丈夫なのかを常に意識する必要があります。

Q **取引先の女性に対して夜二人だけの食事に誘うのはセクハラにあたりますか？**

セクハラは、会社内の上司と部下、同僚の間で起こるもので、会社外の人を夜二人だけの食事に誘ってもセクハラではないですよね？

A いいえ、セクハラになる可能性があります。セクハラは、会社内の人間関係に限られません。取引先や下請先、営業にやってきた担当者に性的な言動をした場合には、セクハラにあたります。「夜二人だけの食事に誘う」ことも、相手が「嫌だな」と感じた場合には、セクハラとなります。
相手に仕事を依頼している立場、お金を出している立場にある場合には、仕事上の関係から相手が嫌だなと感じても断りにくいものです。仕事のために、表面上は付き合ってくれているのかも知れません。そのため、内心は「嫌だな」と感じていることがわからずに、セクハラを続けてしまう可能性もあり、注意する必要があります。

当然のことながら、仕事上の報復や見返りをちらつかせて性的な要求を飲ませようとするのは、権力を笠に着て町娘をわがものにしようとする「時代劇の悪代官」となってしまうので、やってはいけません。

# 2 パワハラの基礎知識

## (1) パワハラって何?

「パワハラ」(パワーハラスメント)とは、端的に言えば、職場におけるいじめ、嫌がらせのことです。

セクハラと同じように、パワハラも世間に周知されるようになりました。最近では、毎日のようにパワハラという文字を新聞や週刊誌で見かけます。日大アメフト部や日本体操協会、さらに女子レスリングのケースと、次から次へとパワハラ問題が噴出しています。

2016年度に厚生労働省が実施した「職場のパワーハラスメントに関する実態調査」によると、過去3年以内にパワハラにあたる相談を受けた企業は36・3%、過去3年以内にパワハラを受けたことがあると回答した者は32・5%という結果となりました。つまり、およそ三人に一人がパワハラを受けたと回答しており、職場においてパワハラ問題が身近に発生していることを物語っています。

セクハラと同じように、パワハラは、さまざまな人にダメージを与え、かつ深刻な事態を招くこともあります。

パワハラを受けた人は、人としての尊厳を傷つけられます。仕事への意欲や自信をなくしたり、メンタルをやられてうつ病などの精神的疾患を発病させ、休職や退職を余儀なくされることもあります。さらには、生きる希望をなくして、自殺に追い込まれることもあるのです。

パワハラは、パワハラを受けた人だけではなく、パワハラ加害者にも、ダメージが発生します。相手との人間関係が破壊されることはもちろんのこと、その職場での信用も失うことでしょう。

さらに、パワハラの程度によっては、刑事責任や民事上の損害賠償責任、会社の懲戒処分（重ければ懲戒解雇）を受けることになります。会社を懲戒解雇になれば、当然その余波は、家族にも及びます。

さらに、パワハラは、当事者だけの問題にとどまりません。その職場や会社にもダメージを与えます。パワハラが行われる職場においては、自分自身がパワハラの当事者にならなくても、ギスギスした職場環境となって、他の社員もまた仕事への意欲が低下し、生産性が落ちることでしょう。

また会社は、パワハラ被害者から、使用者責任、職場環境配慮義務違反を問われて、パワハラ加害者とともに裁判の被告とされ、損害賠償責任を負うリスクが発生します。

パワハラが発生した職場として公になると、その会社は「ブラック企業」として社会的な信用は大きく落ちます。

そのような会社には勤めていたくないと、転職が容易な優秀な人材から辞めていき、そして就職希望者も集まらないという状況になることでしょう。

このように、セクハラと同様にパワハラによるダメージも広範かつ深刻なものとなりかねないのです。

## (2) パワハラ防止の法制化の動き

セクハラは男女雇用機会均等法、マタハラは育児・介護休業法などで、法律によって定義付けられ、規制がされているのですが、パワハラには規制する法律がありませんでした。

昨今の増え続けるパワハラ問題を受けて、厚生労働省はパワハラ対策を強化しようと、法制化を進めています。

具体的には、厚労省は、２０１８年11月に、職場のパワハラの防止措置を企業に義務付けるための法制化を提案し、２０１９年の国会に関連法案を提出しました。

「女性の職業生活における活躍の推進及び職場のハラスメント防止対策等の在り方について」（２０１８年12月14日労働政策審議会建議）において、ハラスメントは、「労働者の尊厳や人格を傷つける等の人権に関わる許されない行為であり、あってはならないもの」と明言し、「企業にとっても経営上の損失に繋がる」ことから、防止対策を強化することが必要であると述べています。

防止するために、具体的には、パワハラの定義を明確化し、セクハラと同じ事業主に対し る雇用管理上の措置義務という形で、法制化が進められています。

パワハラの定義については、

**①優越的な関係に基づいて行われること**
**②業務の適正な範囲を超えて行われること**
**③身体的若しくは精神的な苦痛を与えること（労働者の就業環境を害すること）**

の三つの要素をすべて満たすものを、パワハラとしました。

法規制の内容としては、セクハラと同じように企業の防止対策を義務付けるものとしました。パワハラの行為自体を禁止する法制化も検討されましたが、「パワハラの定義すら明確でないのに、行為禁止規制は、時期尚早だ」という反対意見もあり、今回の法制化では見送られました。

先の労働政策審議会建議においては、以下のように表現しています。

「職場のパワーハラスメントやセクシュアルハラスメントの行為者に対して刑事罰による制裁を科すことや、被害者による行為者等に対する損害賠償請求の根拠を法律で新たに設けることについては、現状でも悪質な行為は既存の刑法違反に該当し、または不法行為として損害賠償請求の対象となり得る中で、民法等他の法令との関係の整理や違法となる行為の要件の明確化等の種々の課題がある。このため、今回の見直しによる状況の変化を踏まえた上で、ハラスメントの問題に関する様々な動きも考慮しつつ、その必要性も含め中長期的な検討を要すると考えられる」

ただし、「ハラスメント行為者に対する抑制なくして、ハラスメント防止の実効性があるのか」という意見も強く、その意見をも考慮して、建議は、次のようなことを法律上で明確に定めるべきと述べています。

（国に対して）
・職場のパワーハラスメントやセクシュアルハラスメントは許されないものであることの周知・啓発を行うことを法律上で明確にすること
・就業環境を害するような職場におけるハラスメント全般について、総合的に取組を進めることが必要であり、その趣旨を法律上で明確にすること

（事業主に対して）
・労働者が他の労働者（取引先等の労働者を含む。）に対する言動に注意するよう配慮するという趣旨を法律上で明確にすること

（事業主と労働者に対して）
・ハラスメント問題への理解を深めるとともに自らの言動に注意するよう努めるべきという趣旨を法律上で明確にすること

パワハラにおいて注目すべきキーワードは、「職場内の優位性」と「業務の適正な範囲を超えて」というところです。

## キーワード❶ 職場内の優位性

職場内の優位性の典型的なものは、職場の上司から部下へのいじめや嫌がらせですが、上司から部下に行われるものだけでなく、先輩・後輩間や同僚間、さらには部下から上司に対して様々な優位性を背景に行われるものも含まれます。

部下であっても、集団である場合や、上司に比べて何らかの専門知識を持っているような場合、その優位性を背景に、上司に嫌がらせをすれば、パワハラなのです。

例えば、パソコン操作の専門知識がある部下が、その知識に乏しい上司に対して、馬鹿にするような態度を取りつつ業務に必要な知識を教えないという嫌がらせをする場合や新しくやってきた課長に対して、課の者が集団になって、指示に従わず、冷淡な態度を取るというのもパワハラにあたります。

## キーワード❷ 業務の適正な範囲を超えて

パワハラか否かを判断するにおいて、「業務の適正な範囲」内かどうかが大きなポイントとなります。セクハラは、性的な言動に対して受け手が不快に感じるかどうかが判断要素とされているのに対し、パワハラの場合、業務上の指導として適正なものであれば、受け手が不快と感じてもパワハラにはあたりません。

当たり前のことですが、部下を持つ上司は、自らの職務として部下を指揮し、指導をして、会社の業務を遂行する必要があります。

そのため、部下に対して業務上の指導を行う必要があり、その指導を部下が「嫌だな」と思ったとしても、業務上の指導として必要かつ適正なものであれば、パワハラとはならないのです。

「部下が嫌だと感じたらなんでもパワハラ」とされると、上司としては、部下に対する必要な指導も行えなくなってしまいます。

他方で、業務に関連していた場合ならば、何でも許されるという訳ではありません。指導目的であっても、その方法、程度によっては、パワハラと認定される可能性があるのです。

セクハラは、職務とは質的な違いがあって、職務との関連性がなく（例えば、仕事上、女性部下の腰を触る必要は全くありません）、その意味では「やっていいこと、いけないこと」の判断がしやすいです。

一方、パワハラは職務との関連性があり、職務行為であっても、行き過ぎればパワハラになり得るのです。

まさに、この点がパワハラにあたるかどうかの判断の難しいところです。つまり、パワハラは業務上の指導との線引きが難しいのです。

例えば、業務上ミスをした部下に対して、今後ミスをしないように注意することは、業務上必要な行為ですが、長時間にわたり、他の社員がいる前で、「こんなミスをしやがって、お前は馬鹿か⁉給料泥棒！」と、大声で怒鳴りつけるような叱り方をすると行き過ぎた行為としてパワハラとなるのです。

それに、業務上の行為とは関係のないセクハラは、例えば、胸や腰を触るといった行為であれば、単発であってもセクハラ認定が可能です。

他方、パワハラについては、その行為の一部を捉えれば「部下を怒鳴りつける」という行為であったとしても、単にそれだけではパワハラと認定することはできません。その職場の状況やその発言があった経緯も含めて検討する必要があります。

例えば、部下が重大なミスを何度も繰り返して、そのたびに上司が注意していたものの、改善されることもなく、同じミスをまたおかしてしまったとしましょう。その部下を呼んで注意したところ、反省する態度を示さないどころか、反抗的な態度を取ったとします。それを厳しく注意するために「怒鳴る」ということであれば、パワハラと認定することはできないでしょう。

つまり、どのような経緯で「怒鳴りつけたのか」といった一連の流れもあわせて、パワハラにあたるのかを判断する必要があるのです。

そして、パワハラが業務との関連性が問題となることから、その背景にはセクハラ以上に個人だけの問題にとどまらず、部署全体、会社全体の組織上の問題が絡んでいることがあります。例えば、ある課内で、課長が部下に対して厳しいノルマを課して、ノルマを達成できない部下に対してきつく何度も注意、叱責しているケースです。課長の行為自体を捉えれば、パワハラのようにも思えます。

しかし、会社からのその課に割り当てられている仕事量が課の人員に比べて多すぎる場合、ノルマを達成するために部下に躍起になって働いてもらおうと、課長が部下を厳しく叱責するという流れができているのかも知れません。

そのような場合に、その課長の強い叱責をパワハラとして課長個人の問題だけに帰着させるのは、課長にとって酷ですし、問題の本質は見えてきません。

パワハラかどうかの判断は、セクハラとは異なり、業務との関連性や会社全体の問題も絡むゆえに、その判断が難しいのです。

## (3) 典型的なパワハラのケース

次のような行為が典型的なパワハラ例です。

**①暴言**

・「こんな間違いをするやつは死んでしまえ」「おまえは給料泥棒だ」などと暴言を吐く

・発表の方法などを指導せずに、「君のプレゼンが下手なのは、暗い性格のせいだ。何とかしろ」などと言う

**②執拗な非難**

・三日間にわたって何度も書類の書き直しを命じる

・皆の前で起立させたまま、大声で長時間叱責し続ける

**③威圧的な行為**

・椅子を蹴飛ばしたり、書類を投げつけたりする

・部下の目の前で、分厚いファイルを何度も激しく机に叩き付ける

・自分の意向と違うときは意に沿った発言をするまで怒鳴り続け、また自分自身にミスがあると有無を言わさず部下に責任を転嫁する

**④実現不可能・無駄な業務の強要**

・これまで三人で行ってきた大量の申請書の処理業務を未経験の部下に全部押しつけ、期限内にすべて処理するよう厳命する

・毎週のように土曜日や日曜日に出勤することを命じる

**⑤仕事を与えない**

・何の説明もなく役職に見合った業務を全く与えず、班内の回覧物も回さない

・部下に仕事を与えなくなり、本来の仕事すら他の同僚にさせるようになる

**⑥仕事以外の事柄の強要**

・部下に対して、毎日のように昼休みに弁当を買いに行かせたり、週末には家の掃除をさせたりする

・「上司より立派なマンションに住むとは何ごとだ」や「もっと安いところに住まないと地方に異動させるぞ」などと言い続ける

**⑦暴力・傷害**

・書類で突然頭を叩く

・仕事が遅いと部下を殴ったり、蹴ったりする

**⑧名誉棄損・侮辱**

・同僚の前で、無能なやつだと言う
・課全員の前で土下座をさせる
・病気の内容を大勢の職員の前で言う
・家族についていて皮肉を言う

**⑨隔離・仲間外し**

・無視する
・いつも行動が遅い部下の発言を無視し、会議にも参加させない
・体臭がきついからといって、部下の席をついたてで仕切っている

また、厚労省「職場のいじめ・嫌がらせ問題に関する円卓会議ワーキング・グループ報告書」では、パワハラを次の六つの行為類型で整理されています。

**1・身体的な攻撃（暴行・傷害）**

・物を投げつける
・殴る、足蹴りをする
・胸倉をつかむ

**2・精神的な攻撃**（**脅迫・暴言等**）
・同僚の前で、「お前は馬鹿だ！」と無能扱いする
・「人間のクズ」と人格を否定するような暴言を吐く
・皆の前で、ささいなミスを大きな声で叱責する
・必要以上に長時間にわたり、繰り返し執拗に叱る

**3・人間関係からの切り離し**（**隔離・仲間外し・無視**）
・理由もなく他の社員との接触を禁じる
・挨拶しない。挨拶されても、無視する
・自身の意に沿わない社員に対して、仕事を外し、別室に隔離したり、自宅研修させたりする
・根拠のない悪い噂を流す

**4・過大な要求**（**業務上明らかに不要なことや遂行不可能なことの強制、仕事の妨害**）
・終業間際なのに、過大な仕事を毎回押しつける
・一人ではできない量の仕事を押しつける
・達成不可能な営業ノルマを常に与える
・長期間にわたる、肉体的苦痛を伴う業務とは関係のない作業をやらせる

**5・過小な要求（業務上の合理性なく、能力や経験とかけ離れた程度の低い仕事を命じることや仕事を与えないこと）**

・営業職なのに、倉庫の掃除を必要以上にやらせる
・事務職で採用した者に対して、草むしりばかりをさせる
・他の部署に異動させ、仕事を何も与えない
・管理職の部下に、単純作業だけをやらせる

**6・個の侵害（私的なことに過度に立ち入ること）**

・個人所有のスマホを勝手にのぞく
・不在時に、机の中を勝手に物色する
・休みの理由を根掘り葉掘りしつこく聞く

ポイント解説

**その他にも知っておきたいハラスメント――マタハラ**

セクハラ、パワハラと並んで近時「マタハラ」（マタニティハラスメント）が問題となっています。マタハラとは、妊娠したことを上司に報告したところ、「それでは仕事

はできないでしょう。別の人を雇うから、辞めてくれないか」と言ったり、育児休業を申し出た社員に対して、同僚の社員が「こっちは、迷惑なんだよな」と言うように、女性社員が、妊娠、出産したこと等を理由に、事業主が不利益な取り扱いをしたり、他の社員が嫌がらせをしたりすることです。

このような言動は、男女雇用機会均等法、育児・介護休業法によって「妊娠・出産・育児休業等の関する」ハラスメントとして、禁止されています。

さらに２０１７年１月からは、上司や同僚からのハラスメントの防止措置についても事業主に義務付けられました。

マタハラもまたセクハラやパワハラと同じように相手の人格を否定し、深く傷つける行為で、相手に大きなダメージを与えるもので許されません。

それに、マタハラ行為をした自分自身も民事上の損害賠償責任や会社の懲戒処分といったダメージを受ける可能性が出てきます。

妊娠・出産については、「女性労働者」に限られますが、育児休業等の申出・取得については、男性労働者も対象となります。

育児休業を申し出た男性社員に対して「男のくせに育休を取るなんてあり得ない」と

言うのは、このハラスメントです（パタハラ、パタニティハラスメントと呼ばれます）。

男女雇用機会均等法や育児・介護休業法において、職場における妊娠・出産等に関するハラスメントとは、「職場」において行われる上司・同僚からの言動（妊娠・出産したこと、育児休業等の利用に関する言動）により、妊娠・出産した「女性労働者」や育児休業介護休業等を申出・取得した「男女労働者」等の就業環境が害されることと定義されています。

男性労働者の育児休業、介護休業関連も含んでいることからマタハラより広い概念です。介護休業所得に絡むハラスメントはケアハラ（ケアハラスメント）とも呼ばれます。


このマタハラ、パタハラ、ケアハラについては、大きくわけて「制度等の利用への嫌がらせ型」と「状態への嫌がらせ型」の二つのパターンがあります。

**①制度等の利用への嫌がらせ型**

産前休業、育休制度、時間外労働の免除を申請してきた人に対して、

・解雇や不利益な取り扱いを示唆する

例えば、「休みを取るなら、辞めてもらう」「これで出世は無理だな」と言う。

・制度等の利用の請求や制度の利用を阻害する
例えば、育休の取得について相談してきた男性部下に対して「男のくせに育休を取ろうとする奴がいるか」と言う。同僚の社員から介護休業を請求することを聞いて、「自分なら請求しないな。みんなに迷惑がかかるから、請求することをやめてくれないか」と言う。
・制度等を利用したことにより嫌がらせをする
例えば、制度を利用して残業をしないで帰宅しようとする人に対して、同僚が「あなたが早く帰るせいで、こちらは今日も遅くまで残業だ」と大きくため息をつきながら言う。

**②状態への嫌がらせ型**

妊娠したこと、出産したことに対して、
・解雇や不利益な取り扱いを示唆する
例えば、妊娠したと報告した女性部下に対して、「妊婦は使いづらいので辞めて欲しい」と言う。
・妊娠等をしたことについて嫌がらせをする
例えば、妊娠したと報告してきた女性部下に対して「妊婦はいつ休むかわからないから、仕事を任せられないんだよな」とか、「こんな忙しいときに妊娠して」と嫌味を言う。つわりで体調が悪そうな女性社員に対して、「こちらも気持ち悪くなるから、会社に来ないで」と言う。

このような不用意な言動が、マタハラとなって、相手を傷つけている可能性もありますので、注意が必要です。

# 第２章

# 本当に怖い
# セクハラ問題

# 1 ダメージが広くて大きいのが怖い

## (1) 相手に与えるダメージが大きいのが怖い

セクハラは許されない行為、やってはいけない行為と世間に認知されてきました。では、そもそもなぜセクハラは許されないのでしょうか?

まず何よりも、セクハラは相手の人格を否定し、相手を深く傷つけるものだから許されないのです。

「ハラスメントと暴力に関する実態調査」(日本労働組合総連合会)によると、職場でハラスメント(セクハラのみならず、パワハラやマタハラなども含む)を受けた当事者は、ハラスメントによって生活上どのような影響が生じたと感じたかとの問いに対して、「仕事のやる気がなくなったり、ミスやトラブルが多くなったりした」が47・2%と約半数近くにまでのぼり、「心身に不調をきたした」が33・1%、「夜、眠れなくなった」が19・3%と、多くの人がハラスメントによって心身のダメージを受けていることが分かります。

そして、ハラスメントによって「仕事を短期間休んだ」が14・6%、「仕事を長期間休んだ」

図表　職場でハラスメントを受けたとき、生活上の変化はあったか
（複数回答方式／対象はハラスメントを受けたことがある人）

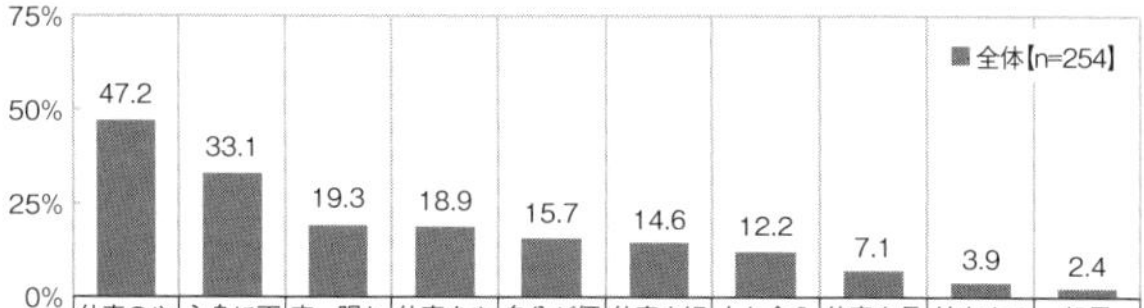


| | | n数 | 仕事のやる気がなくなったり、ミスやトラブルが多くなったりした | 心身に不調をきたした | 夜、眠れなくなった | 仕事をやめた・変えた | 自分が価値のない存在になったと感じた | 仕事を短期間休んだ | 人と会うのが怖くなった | 仕事を長期間休んだ | 外出するのが怖くなった | 転居（引越し）をした |
|---|---|---|---|---|---|---|---|---|---|---|---|---|
| 全体 | | 254 | 47.2 | 33.1 | 19.3 | 18.9 | 15.7 | 14.6 | 12.2 | 7.1 | 3.9 | 2.4 |
| 性別 | 女性 | 154 | 42.2 | 33.8 | 20.1 | 22.1 | 18.8 | 14.3 | 12.3 | 7.1 | 4.5 | 3.9 |
| | 男性 | 100 | 55.0 | 32.0 | 18.0 | 14.0 | 11.0 | 15.0 | 12.0 | 7.0 | 3.0 | ― |
| 世代別 | 10代・20代 | 40 | 67.5 | 20.0 | 15.0 | 25.0 | 15.0 | 20.0 | 15.0 | 2.5 | ― | 5.0 |
| | 30代 | 61 | 54.1 | 34.4 | 18.0 | 21.3 | 24.6 | 19.7 | 11.5 | 9.8 | 6.6 | 1.6 |
| | 40代 | 55 | 43.6 | 34.5 | 20.0 | 20.0 | 9.1 | 9.1 | 10.9 | 5.5 | 3.6 | 1.8 |
| | 50代 | 60 | 36.7 | 38.3 | 25.0 | 15.0 | 15.0 | 15.0 | 13.3 | 13.3 | 5.0 | 1.7 |
| | 60代 | 38 | 36.8 | 34.2 | 15.8 | 13.2 | 13.2 | 7.9 | 10.5 | ― | 2.6 | 2.6 |
| 職業 | 正規雇用者・公務員 | 141 | 51.8 | 34.0 | 17.7 | 11.3 | 15.6 | 18.4 | 12.8 | 7.8 | 3.5 | 3.5 |
| | 非正規雇用者 | 113 | 41.6 | 31.9 | 21.2 | 28.3 | 15.9 | 9.7 | 11.5 | 6.2 | 4.4 | 0.9 |

■全体比+10pt以上／■全体比+5pt以上／■全体比-5pt以下／■全体比-10pt以下　（%）

出典：日本労働組合総連合会「ハラスメントと暴力に関する実態調査」

が7・1%、さらには「仕事をやめた・変えた」が18・9%と、仕事を続けられなくなる人も少なくないようです。

このように、セクハラを含むハラスメントは、被害者に大きなダメージを与えます。

セクハラを行う者の心の根底には、相手を軽く見ている、つまり相手を自らの性欲解消あるいはストレス解消の道具として見て、人として尊重していないことがあります。強い言い方をすれば、ハラスメント行為は、相手の人格を認めず、人を人として尊重しない人権侵害行為です。

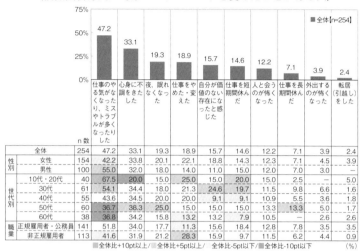

人は、一人の人としてではなく、道具やモノのように取り扱われると深く傷つきます。ハラスメントを受けて「自分が価値のない存在になったと感じた」との回答も15・7％にのぼります。それは、ハラスメントが人を人として尊重しない行為だからにほかなりません。

セクハラでは、被害者は人ではなく性的欲望の対象とされてしまうのです。セクハラ行為をした人は、こう思っているかも知れません。「触ったところで、減るわけでもないし、これくらいいいじゃないか」「昔は、誰でもこうしていた」などと。

しかし、セクハラ行為をされた側は、人として扱われずに性的欲望を満たす対象とされたことで、心に深い傷を残します。だからこそ、相手の心を深く傷つけるセクハラ行為は許されないのです。

### □相手の人生を狂わせるセクハラ

セクハラ行為は、相手に、精神的な負担をかけ、うつ病やＰＴＳＤ（心的外傷後ストレス障害）、パニック障害といった精神的な疾患を発症させる可能性があります。ときに相手の人生を狂わせるものにもなりかねません。

一度でもセクハラ行為を受けた被害者は、今後またセクハラをされるのではないかと思うものです。セクハラ行為をした人と会うことが怖い、声をかけられることが怖い……。そんな心情になります。すべての男性を怖れ、すべての人を信じられなくなるかも知れません。

部下は、上司のセクハラ行為を受けて、内心では「嫌だな」と思いつつも、相手との関係が気まずくならないように、機嫌を損ねて仕事上の不利益を与えられないように我慢を重ねていきます。こうして我慢を重ねていくことは、相当な心理的な負荷がかかります。「嫌だ」とは言わずに我慢をしていますから、セクハラ加害者には、嫌だと思っていることがよく分かりません。

そこで、さらにセクハラ行為が続き、あるいはエスカレートして、被害者に深刻な心理的ダメージが蓄積されていくのです。そのようなストレスが、メンタルを壊し、うつ病などの精神的疾患を発症させるのです。

セクハラ行為をやっている側は「これくらい、たいしたことではない」「コミュニケーションの一つだ」「相手も嫌だと言っていない」と思い、セクハラ行為を継続します。知らず知らずのうちに、相手を傷つけ、メンタルを蝕んでいくのです。

そして、ある日突然、セクハラ行為を受け続けた社員は、心がぽっきりと折れて会社に来ることができなくなるのです。そのまま休職や退職に至るかもしれません。

例えば、こんなケースも少なくないでしょう。A子さんは、C社での仕事に生きがいを感じて、頑張って働いていましたが、度重なるB課長のセクハラ行為によって、うつ病を発症し、会社を休職してしまいました。

「私は、これまでがんばって仕事をしていたのに、この仕事に生きがいを感じていたのに、B課長のセクハラのために、仕事ができなくなってしまうなんて……」

このように、セクハラは相手の人生を狂わせてしまうこともあるのです。さらに、セクハラ行為を受けた本人だけではなく、その家族にも大きな影響を与えます。自分の大切な妻や娘、息子がセクハラを受けて、メンタルを病み、会社を辞めてしまうとしたらどうでしょうか。

セクハラで受けた心の傷は、その場だけにとどまりません。ずっと後々まで残るものです。そして、本人のみならず、親や家族にも暗い影を落とすのです。

次のような悲しい事件もありました。

レストランチェーンS社の店員だった女性が、上司によりセクハラを受け、それを思い悩み自殺をしました。そして、遺族が合わせて約９８００万円の損害賠償を求めて上司と会社を提訴しました。

訴状によると、２０１３年４月にアルバイトとしてお店で働き始めた20代の女性は、上司である男性副店長から体を触られるなどのセクハラに加えて、罵倒や無視といったパワハラを繰り返し受けていたと遺族側は主張しています。

２０１４年12月に副店長から「一緒に死のう」と言われ、翌日に女性は自宅で一人首を吊って自殺しました。

このようなことにもなりかねません。ちなみに、この裁判では、２０１８年3月に遺族側と副店長・会社の間で和解が成立しました。和解内容は詳しくは公表されていませんが、S社によると、女性は準社員でしたが、正社員として勤務した場合と同等の弔慰金を支払い、和解条項には会社がセクハラ防止教育に一層取り組むことも明記されました。また、副店長自身も会社とは別に弔慰金を支払うとされたそうです。

## (2) 自分が受けるダメージが大きいのが怖い

セクハラをした者は、それが発覚した場合、様々な責任を負う可能性が出てきます。

麻生太郎氏は、「セクハラ罪という罪はない」と発言しましたが、そう単純ではありません。

確かに「セクハラ罪」という名称の犯罪はありませんが、セクハラ行為はその行為態様によっては「強制わいせつ罪」や「強要罪」などといった犯罪行為にあたります。

それに、セクハラをした責任は、刑事責任だけにとどまりません。被害者に対して金銭的な損害賠償をしなければならないという民事上の責任、さらに社内では懲戒解雇等の懲戒処分を受ける可能性も出てきます。さらに、著名人や教員、警察官、官僚といった公務員、役職の高い人の場合には、メディア掲載によって、世間の注目を浴び、いわゆる社会的制裁を受けることになります。

そして、ダメージは自分だけにとどまりません。

被害者はもちろんのこと、会社も使用者責任を問われ、民事上の損害賠償責任を請求される可能性があります。また家族にも当然、迷惑がかかるでしょう。家庭崩壊の危機につながるかもしれません。

ここでは、まずセクハラをやってしまうと自分自身は、どのような責任を背負うことになるのか、ダメージを受けるのかを見ていきましょう。

その前提として、セクハラ被害を受けた側の視点から、いったい誰に何が言えるのかを整理しておきます。セクハラ被害者の立場からすると、加害者本人のみならず、会社や労働局・警察にアプローチをすることができます。具体的には、以下のとおりです。

・加害者に対して：民事上の損害賠償請求
・警察に対して刑事告訴、被害届を出して加害者に刑事罰を求めること

図表　セクハラ被害者の視点

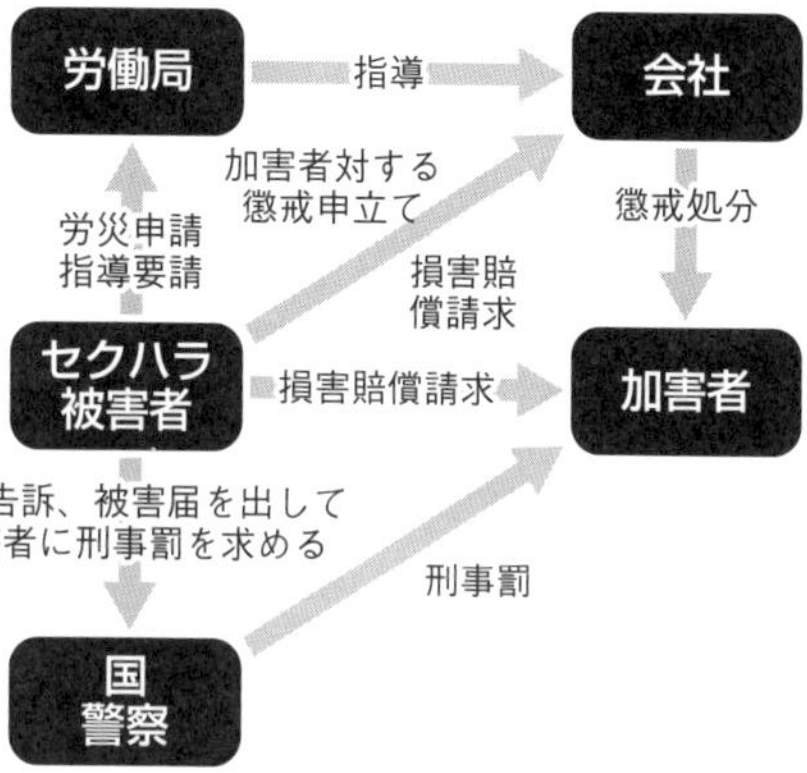


・会社に対して：損害賠償請求、加害者への懲戒の申立て
・労働局に対して：労災申請や会社に対する指導要請

セクハラ加害者の立場に置き換えてみましょう。被害者からは民事上の損害賠償請求を受ける怖れがあるとともに、さらには刑事告訴や被害届を経由するなどして国からの刑事罰、会社からは懲戒処分を受ける可能性がある立場に置かれるのです。

また、図表にはありませんが、「世間」から叩かれるという社会的制裁の可能性も出てきます。

このように、以下の四つが加害者を待ち受けることになるのです。

①刑事罰を受ける刑事責任

②民事上の損害賠償責任
③会社からの懲戒処分
④社会的制裁
順番に見ていきましょう。

## 1・刑事罰を受ける（刑事責任）

セクハラ行為は、その行為によっては、犯罪となり、刑事罰の対象となります。例えば、相手の意に反して胸や尻を触る行為を行えば、「強制わいせつ罪」にあたります。

近時の刑法改正によって、性犯罪に対して重い処罰規定となりました。また、実際の裁判における刑罰の重さを決める際（量刑）においても、性犯罪については、重罰化の傾向が見られます。

セクハラ行為によって、あたりうる犯罪を具体的に見ていきましょう。

**・強制わいせつ罪（刑法第176条）**

「13歳以上の者に対し、暴行又は強迫を用いてわいせつな行為をした者は、6月以上10年以下の懲役に処する」

ここで言う「わいせつな行為」とは、「性欲を刺激、興奮又は満足させ、かつ、普通人の性的羞恥心を害し、善良な性的道義的観念に反する行為」とされています。

例えば、女性の胸をもんだり、陰部に触れたりする行為です。キスをすることもわいせつな行為にあたります。身体的な接触がない行為でも、性的羞恥心を害するような行為、例えば裸にして写真に撮る行為もわいせつ行為にあたります。

**・強制性交等罪（刑法第177条）**

「13歳以上の者に対し、暴行又は脅迫を用いて性交、肛門性交又は口腔性交（以下「性交等」という。）をした者は、強制性交等の罪とし、5年以上の有期懲役に処する」

2017年の刑法改正によって、従前の「強姦罪」が、強制性交等罪となりました。

改正のポイントは、①強姦罪において被害者が女性に限定されていたのに対し、男性もまた被害者となり得ること、②性交だけではなく、肛門性交や口腔性交を対象としたこと、③法定刑が「3年以上の有期懲役」から「5年以上の有期懲役」に厳罰化されたこと、④被害者の告訴を受けて処罰対象とする親告罪であったものを、被害者の告訴の有無にかかわらず逮捕・起訴できる非親告罪としたことです。

セクハラの関係で言えば、男性上司が、女性部下に強引に性的関係を強要し性交に及べば、この「強制性交等罪」となります。

## Q 夫婦や交際している男女の間では、強制性交等罪は成立しないの？

## A

いいえ、そうとは言えません。夫婦であっても、交際をしていても、相手がＮＯと拒否しているのに、暴行や脅迫を用いて、強引に性交等をすれば、強制性交等罪となります。

ただ、夫婦関係が破綻していない夫婦や恋人であれば、性交についての同意があったとある程度は推認されるので、ＮＯと拒否があったのかを、慎重に判断されることになります。

当たり前のことですが、強制性交等罪になるか否かを問わず、夫婦や恋人であっても、性交については、相手の意思や気持ちを尊重することが大切です。

**・暴行罪（刑法第２０８条）**

「暴行を加えた者が人を傷害するに至らなかったときは、2年以下の懲役若しくは30万円以下の罰金又は拘留若しくは科料に処する」

「暴行」とは、「人の身体に対し不法に有形力を行使すること」を言います。典型的なものとして、殴る、蹴る、突く、押すなどです。

必ずしも傷害の結果を生じさせる程度のものでなくても「暴行」にあたるとされ、例えば、相手の服をつかんで引っ張る行為、帽子を奪い取る行為、倒れた女性の上に馬乗りになる行為、手で口を塞ぐ行為も暴行となります。

セクハラの関係で言えば、男性上司が、女性部下の腕をつかんで引っ張ったりすると、それば「暴行罪」にあたります。

**・傷害罪（刑法第204条）**

「人の身体を傷害した者は、15年以下の懲役又は50万円以下の罰金に処する」

「傷害」とは、人の生理機能に障害を与えることまたは人の健康状態を不良に変更することを言います。殴る、蹴るといった暴行によって、怪我をさせた場合はもとより、暴行によらなくても病気にさせた場合には、傷害にあたります。無言電話などにより人を極度に恐怖させて精神衰弱症に陥らせた場合に、傷害罪を成立させた判例もあります。

何らかの行為によってＰＴＳＤに陥らせた場合にも、傷害罪にあたる可能性があります。

セクハラの関係で言えば、男性上司が女性部下に執拗に交際を求めるメールや電話を繰り返すことで、その女性がメンタル不調となり心の病にかかった場合には、傷害罪となる可能性があります。

・**脅迫罪（刑法第２２２条）**

「生命、身体、自由、名誉又は財産に対し害を加える旨を告知して人を脅迫した者は、2年以下の懲役又は30万円以下の罰金に処する」

「脅迫」とは、他人を畏怖させるような害悪を加える旨告知することを言います。

・**強要罪（刑法第２２３条）**

「生命、身体、自由、名誉若しくは財産に対し害を加える旨を告知して脅迫し、又は暴行を用いて、人に義務のないことを行わせ、又は権利の行使を妨害した者は、3年以下の懲役に処する」

例えば、別れたいと言ってきた女性に対し、裸の写真をバラまかれたくなければ交際を続けろと強要するような場合です。

・**名誉棄損罪（刑法第２３０条）**

「公然と事実を摘示し、人の名誉を毀損した者は、その事実の有無にかかわらず、3年以下の懲役若しくは禁錮又は50万円以下の罰金に処する」

セクハラの関係で言えば、「A子は、○○と不倫をしている」と言いふらす行為は名誉棄損罪にあたる可能性があります。

セクハラ行為が強制わいせつ罪、強制性交等罪等にあたる場合には、逮捕・勾留され、強制性交等罪の場合には、有罪であれば執行猶予がつかない実刑判決の可能性が極めて高くなります。

つまり「刑務所行き」ということです。当然、会社も辞めなくてはいけないでしょうし、配偶者がいれば、離婚を突き付けられるかも知れません。

セクハラをすることで、あまりにも大きな代償を支払うことになりかねないのです。

ポイント解説

### 犯罪と刑罰、要件と効果

刑法は、犯罪と刑罰を定めた法律です。刑法では、刑法で定められた犯罪行為をすれば、「○年以下の懲役に処する」などの刑罰に処せられると規定されています。

傷害罪の例で言えば、「人の身体を傷害した」という犯罪行為をすれば「15年以下の懲役又は50万円以下の罰金に処する」と刑罰が定められています。

刑法という法律で定められた犯罪行為にあたる行為が要件となり、その効果として、法で定められた種類と範囲の刑罰が科せられるのです。

図表　刑法の条文の基本的な枠組み

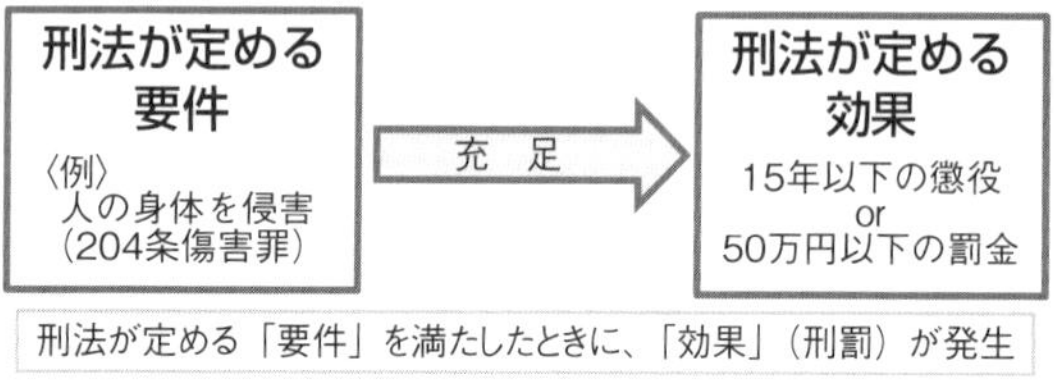


刑法の条文のパターンの多くは、「要件」（傷害罪の場合は「人の身体を傷害した」）が定められていて、その要件を満たすときに「効果」（15年以下の懲役）が発生するという枠組みになっています。

セクハラ行為についても、その行為の内容によって、強制わいせつ罪の要件に当てはまれば強制わいせつ罪に、傷害罪の要件に当てはまれば傷害罪というように、個別に法律で定めた要件を満たす行為なのかが、検討されていくのです。

そして、その犯罪要件に当てはまれば、効果として、その犯罪に定められた種類と範囲の刑罰が裁判を経たうえで科せられるのです。

## 2・民事上の損害賠償責任

セクハラ行為をしてしまうと、相手から慰謝料等の損害賠償請求を受け、損害賠償をしなければならない可能性が出てきます。この請求は、不法行為に基づく損害賠償請求です。

例えば、加害者のセクハラ行為によって、被害者は、うつ病になって、病院に通い、3カ月間会社を休職したというような場合に、被害者は加害者の不法行為であるセクハラ行為によって損害（治療費や休業損害、精神的な苦痛）を被ったので、それを請求するというものです。

よく言われる「慰謝料」というのは、「精神的苦痛を慰謝するためのお金」です。

もっとも、セクハラ行為のすべてが損害賠償責任ありとされるわけではありません。

判例上、民事上の損害賠償責任があると認められるためには、単にセクハラ行為があるというだけではなく、ある程度の強いセクハラ行為があり、個人の人格権の侵害があったと評価されることが必要とされています。

例えば、肩をたたいた、性的なからかいを数回した程度ならば、ただちに損害賠償という話にはならないでしょう。

判例は、セクハラ行為と慰謝料について次のように言っています。弁護士や裁判所も、このような視点から、そのセクハラ行為が慰謝料を支払うほどの責任があるかを考慮しています。

「職場において、男性上司が、部下の女性に対し、その地位等を利用して女性の意に反する性的言動に出た場合、これがすべて違法と評価されるものではなく、その行為の態様、行為者である男性の職務上の地位、年齢、女性の年齢、婚姻歴の有無、両者のそれまでの関係、当該言動の行われた場所、その言動の反復継続性、女性の対応等を総合的にみて、それが社会的見地から不相当とされる程度のものである場合には、性的自由ないし性的自己決定権等の人格権を侵害するものとして、違法となるというべきである」

つまり、あらゆる意に反する性的言動が損害賠償責任を問われるのではなく、その中で、

①行為の態様
②行為者の男性の職務上の地位
③両者の年齢
④婚姻歴の有無
⑤両者のそれまでの関係
⑥その言動が行われた場所
⑦その言動の反復継続性
⑧女性の対応

図表　視覚で捉えるセクハラ問題の構造

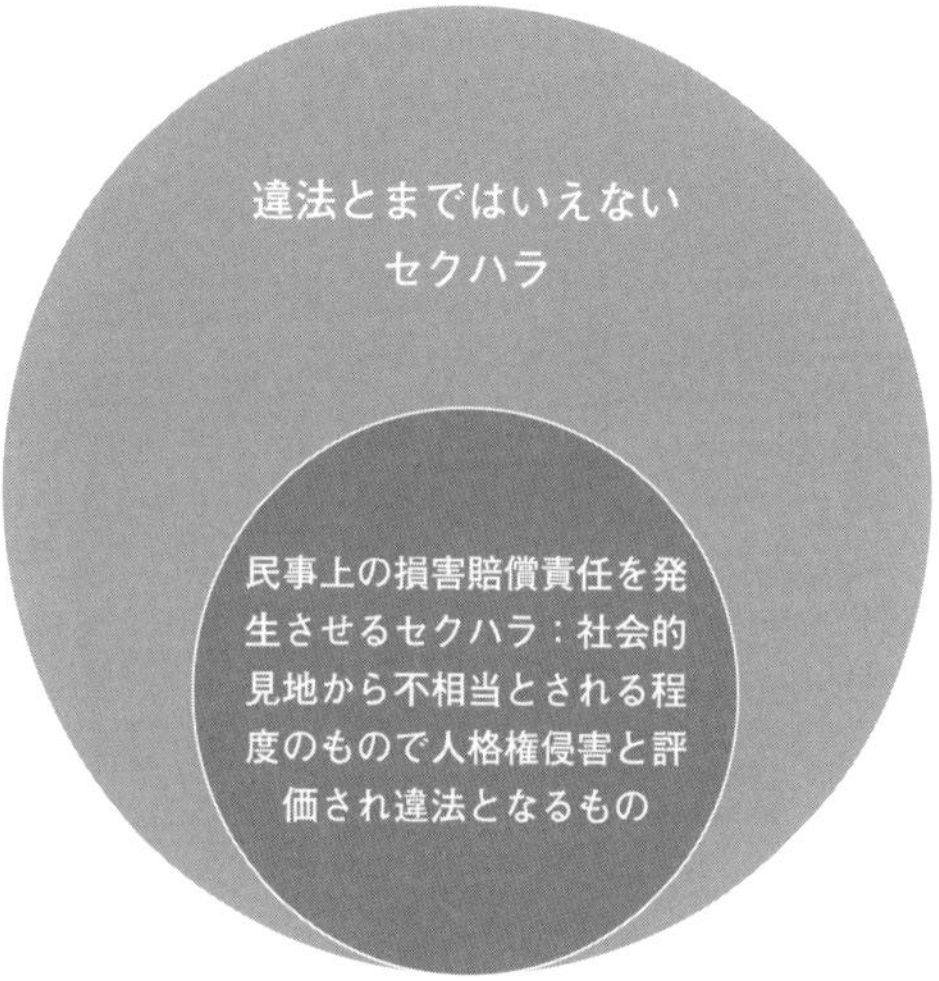
違法とまではいえない
セクハラ
民事上の損害賠償責任を発
生させるセクハラ：社会的
見地から不相当とされる程
度のもので人格権侵害と評
価され違法となるもの

などを総合的に見て「**社会的見地から不相当とされる程度のもの**」であるときに初めて人格権侵害として、不法行為となり、損害賠償責任が発生するとしているのです。

　人格権侵害があり、不法行為の損害賠償責任を認めたとしても、慰謝料の金額をどの程度にするかは、別途考慮する必要があります。

　では、裁判で慰謝料額はどのような事情を考慮して決められているのでしょうか。考慮すべき事情には、加害者側の事情と被害者側の事情に大別できます。

　まず加害者側の事情について見ていきましょう。

①行為態様の悪質さ
言葉だけか、身体への接触があるか、言葉の内容、身体的接触があるとして身体のどの部分か—身体への接触があり、胸やお尻、性器を触ると悪質になります。性交強要までいくとかなり悪質です。
②一回きりか複数回あったか、期間はどれくらいか
複数回で、長期間だと悪質の程度は高くなります。
③被害者が拒否や嫌がる様子を示していたか
拒否していたにもかかわらずセクハラ行為を継続すれば、悪質の程度は高くなります。
④行為の目的（性的な意図があったか）
行為者の主観も考慮されます。下心なく、労う目的で部下の肩をもんでいたような場合には悪質性は低くなります。
⑤場所、時間
セクハラが行われたのが、勤務時間内かどうかということがポイントとなります。
⑥加害者と被害者との関係
上司と部下、元請社員と下請社員というように、その地位や権限を利用してセクハラ行為を行う場合には悪質性が高くなります

次に被害者側の事情です。セクハラ行為の被害を受けた被害者がそのダメージが大きいほど、慰謝料は高くなる傾向にあります。

①体調不良となったか、精神的疾患を発症したか、その内容、程度、期間
②入院、通院期間、投薬履歴
③退職や休職に追い込まれたか

病気になったり、退職まで追い込まれると慰謝料の金額は高くなります。

実際に、どれくらいのセクハラ行為によって法律上の責任が認められるのか、そしてどれくらいの慰謝料となったのか、裁判例を見ていきましょう。

**静岡地方裁判所沼津支部1990年12月20日判決：静岡Nホテル事件**

ホテルのフロントで会計係勤務であった原告女性に対し、上司の会計課長は、「食事に誘い、帰途の車中で、モーテルに行こうよ。裸を見せてよ」と言いながら、モーテルの前で車を止めて原告女性の腰の辺りをさわり執拗に迫った。

原告女性が拒否したにもかかわらず、被告課長はキスを執拗に繰り返した。その結果、原

告女性は体調を崩して、うわさが広がったこともあって退職を余儀なくされた。

慰謝料100万円。


**京都地方裁判所2006年4月27日判決：消費者金融会社セクハラ事件**

大手消費者金融会社に勤務する原告女性が、原告直属の男性上司を訴えた事件。被告が原告に対して、強制参加の食事会で身体的接触や「単身赴任は寂しいものだよ」「家で待っている愛人が欲しい」などと言ってセクハラを行うとともに、「僕を誹謗中傷しているらしいな。君の悪い噂がぽっぽっぽっぽっと出ているぞ。ここにいられなくなるぞ」などと原告を追いやる言動を取った。

原告は、セクハラ行為があったとされた日以降、体調を悪化させ、その4日後に医院で「心因反応」との診断を受けた。

慰謝料100万円。


**東京高等裁判所2008年9月10日判決：T菓子店事件**

菓子店で契約社員として勤務する原告女性は、被告の店長から「昨夜遊びすぎたんじゃないの」「処女に見えるけど処女じゃないでしょう」「店にいる男の人の何人とやったんだ」と性的暴言を受けた。そのため原告女性は、恐怖感と嫌悪感から出勤することができなくなった。

慰謝料50万円。

**仙台地方裁判所1999年5月24日判決：T大学セクハラ事件**

原告は大学院生で、被告は原告の指導教官（大学助教授）。被告の男性助教授は、原告の女性大学院生の論文制作指導中に性的な冗談を言って原告に不快感を与えた。

また、原告に交際を迫り、自宅に執拗に電話をかけた。さらに原告から不安神経症で通院していることを打ち明けられるや、それを奇貨として同症状の治療のためと申し向けて、自分の研究室においてキスをしたり、抱きついた。さらに、交際相手と別れて自分と恋愛関係になるように迫り、三回にわたってホテルで肉体関係まで結ばせた。

その後、原告が立ち直って交際を拒絶するや従前の評価を一変させて、締め切り間際の論文の書き直しを命じるなどの報復行為を行った。

加えて、原告に自殺をほのめかすような異様な電話をかけたり、用もないのに院生室に出入りするなど、原告の私生活及び研究教育環境の平穏を害し、人格権を侵害した。

裁判所は、このような被告の行為について、「被告の不法行為は、長期に及び多様である上、教育に携わる者としてあるまじき振る舞いであり、特に原告が不安神経症に苦しんでいることに乗じて、妻子ある身でありながら、自己の身勝手な欲望を満足しようと図り、原告に性的接触を受忍させ、ついには肉体関係まで結ばせたことは、悪質という外なく、このような被告の行為によって原告が将来にわたって拭い難い精神的苦痛を受けたことは、原告本人尋問の結果からも明らかである」と強く非難した。

慰謝料750万円。行為態様の悪質性、だまして肉体関係にまで及んでいることから高額になりました。

**大阪地方裁判所1999年12月13日判決：大阪府知事事件**

原告Xは21歳の女子大生で、当時現職の大阪府知事Yの選挙運動でアルバイトをしていた。Xは、Yの知事選挙運動のために走行中の選挙用ワゴン車の中で、Yにより自己の腹部から足もとを覆うように体に毛布をかけられた上、約30分間にわたり、Yの右手をズボンや下着の中に差し入れられたり、指で陰部を直接弄ばれたとして、Yを強制わいせつ罪で告訴したところ、YはXを逆に虚偽告訴罪で告訴した。これに関連してYは記者会見し、あたかもXがYを陥れているかのごとき発言を繰り返した。

さらにYは、この民事裁判につき、記者会見や大阪府議会における答弁において、XがY

を陥れているかのごとき発言を繰り返した。
裁判所は、慰謝料等1100万円の支払いをYに命じた。その内訳は、わいせつ行為の慰謝料200万円、虚偽告訴に関する名誉棄損行為による慰謝料500万円、記者会見などによる名誉棄損行為による慰謝料300万円、弁護士費用100万円。

わいせつ行為（セクハラ行為）自体の慰謝料も200万円と高額なものではありますが、わいせつ行為自体よりも、その後の「Xが自分を陥れるために嘘をついている」と言いふらすYの行為について、高額な損害賠償責任を認めている点が注目されます。
セクハラ行為をした者が、被害者から「セクハラだ」と指摘された際に、誠実に謝罪をしておけばまだいいものを、「相手が自分を陥れるために嘘をついている」と被害者を責めてしまうとさらに墓穴を掘ってしまうという例と言えます。

ポイント解説

**裁判を起こされるだけでもダメージが！**

セクハラ訴訟を起こされ、裁判所によって「○○万円の慰謝料を支払え」とされれば、経済的な損失が発生します。しかし、仮に裁判の結果、相手に慰謝料を支払わなくてよいとされた場合でも、裁判を起こされただけでも大きなダメージを受けることになります。

仮にセクハラ行為にはあたらないにもかかわらず裁判を起こされた場合であっても、放っておけば裁判官がセクハラではないことをきちんと分かってくれるとは限りません。

相手から裁判を起こされた以上は、きちんと反論し、証拠を出さなければ、負けてしまいかねないのです。

裁判を起こされると、裁判は法律上、弁護士をつけなくても対応することはできますが、裁判所にこちらの言い分を理解してもらうためには、やはり弁護士をつけて対応した方がいいでしょう。

そうすると、当然のことながら弁護士費用がかかります。弁護士費用は、依頼した弁護士によりますが、訴訟案件であれば、着手金だけでも通常30万円以上はかかるでしょう。

また弁護士費用には、着手金の他に事件終了後の報酬というのものもあって、それも数十万円かかる可能性があります。

そして、時間も取られます。裁判期日の多くは、弁護士を依頼すれば、弁護士が代わりにやってくれますが、弁護士との打ち合わせを行う必要があり、これに結構時間が取られます。

また、裁判では相手の出した主張書面や証拠の吟味、こちらから出す証拠の収集や作成など、いろいろと時間がかかるものです。裁判では、弁護士もがんばりますが、自分自身も時間と労力をかけてがんばる必要があるのです。

そして、何より裁判となると精神的なストレスがかかります。裁判官が自分の言い分をよく聞いてくれるのか、負けてしまうのではないかと不安で、夜もあまり眠れないかも知れません。

さらに、訴訟提起をされると世間的には「セクハラをしたのではないか」と推測が働きます。セクハラと訴えられただけで、実際はそうでなくても、世間は「セクハラをしたんじゃないの」と「セクハラ推定」が働くものなのです。

また、裁判は公開の法廷で行われることから、誰でも傍聴をすることができ、ある意味「さらされる」ことになります。新聞やテレビの記者が来ていて、メディアに取り上げられるかも知れません。

公開の法廷で、相手の弁護士からあれこれとセクハラ行為について指摘され、非難されます。

社長や役員といった役職の高い人、政治家や芸能人などの著名な人は、裁判を起こされることによって「さらされることのダメージ」を大きく受けることになるでしょう。

そこで、セクハラで訴えられた多くの著名人は、裁判にならないように、セクハラ被害者に示談金を多めに払ってでも、示談で終わらせようとするのです。

## 3・会社からの懲戒処分

セクハラをやってしまうと、対外的な制裁だけではなく、会社から懲戒処分を受ける可能性も出てきます。

セクハラ行為の内容や程度から、刑事責任、民事上の損害賠償責任まで問われなくても、懲戒処分を受けることもあります。

懲戒処分の中でも、軽い処分である「戒告」であれば、刑事責任や損害賠償責任より、低いハードルで「セクハラ認定」される可能性が高いでしょう。

他方で、懲戒処分で一番重い「懲戒解雇」いわゆるクビという処分だと、民事上の損害賠償責任が認められる場合であっても、懲戒解雇は処分として重すぎて無効であるとされるケースもあります。

会社の懲戒処分とは「無断欠勤や職務放棄、犯罪行為といった企業秩序に違反する行為をした従業員に対して、会社が従業員に対して科す制裁罰」のことです。

会社と従業員との間には、労働契約が結ばれますが、その契約から従業員は会社に対して給料を請求できる反面、従業員は会社の指揮命令に従って労働力を提供するという関係が生まれます。

会社の側からすると、会社は会社の秩序維持のために、秩序を乱した職員を、放任しておくことは許さず、適正に処分しなければなりません。

セクハラ行為は、会社の秩序を乱す行為ですから、セクハラ行為者は社内の調査を受けた後、その行為が懲戒に値すると判断されると、会社から懲戒処分を受けるのです。

懲戒処分の内容には、軽いものから「けん責（戒告）」、「減給」、「出勤停止」、「降格」、「諭旨解雇」、「懲戒解雇」があります。具体的に見ていきましょう。

**①けん責（戒告）**

始末書を提出させて行為を戒める処分です。要するに、注意をするという一番軽い懲戒処分です。

**②減給**

その従業員が受けるべき給料の中から一定額を減らすことです。減給額については、無制限に減額できるわけではなく、労働基準法上の制限があります（労働基準法第91条）。

・一回の額が平均賃金の1日分の半額を超えないこと

・総額が一賃金支払期における賃金の総額の10分の1を超えないこと

とされています。

**③出勤停止**

一定期間の出勤を停止することです。出勤停止期間の給料は支払われません。

**④降格**

役職・職位・役割等級を下げることです。

**⑤諭旨解雇**

行為の内容は懲戒処分にあたるものであっても、本人が反省しているなどの情状を考慮して、従業員自ら退職することを勧告し、すぐに退職するように求めるものです。懲戒解雇との違いは、退職金が全部または一部支給されることです。

**⑥懲戒解雇**

いわゆるクビで、会社を強制的に辞めさせられるもので、一番重い処分です。原則として退職金は支給されず、解雇予告もなく、即時解雇となるのが通常です。

会社が、従業員に対して懲戒処分を科すには、労働者保護の見地から労働契約法（第15条）上の制限があって、「当該懲戒が、当該懲戒に係る労働者の行為の性質及び態様その他の事情に照らして、客観的に合理的な理由を欠き、社会通念上相当であると認められない場合は、その権利を濫用したものとして、当該懲戒は、無効とする」とされています。

セクハラ行為にあてはめると、そのセクハラ行為の行為態様の悪質性や、相手の被害の状況、職場環境に与えた影響などを考慮して、客観的に合理的な理由があり、社会通念上相当な懲戒処分が認められるということになります。

そして、セクハラ行為の悪質性や被害者へのダメージなどを考慮して、懲戒処分の重さについても決められることになります。

セクハラ行為があったからといって、ただちに会社はその従業員を懲戒解雇にできるものではありません。重すぎる処分は、無効となります。

このように、セクハラ行為が悪質で、被害者へのダメージも大きい場合には最悪懲戒解雇、いわゆるクビとなります。

懲戒処分とまでは行かなくても、転勤や部署異動、出向を命じられるかも知れません。相手が同じ部署にいる場合には、会社としては、セクハラを受けた被害者の意向や再発防止も考慮して、働く場所を離そうとするでしょう。その結果、セクハラをした側に、転勤や部署移動が求められるのです。

出世の階段があるとすれば、セクハラによって、その階段から一気に転げ落ちることになりかねません。

「私は、これまでせっかくがんばって出世の階段をのぼってきたのに、あの軽率な行為で、これまでのがんばりをパーにしてしまった」ということもあるのです。

では、どの程度のセクハラ行為で、どのような懲戒処分が下されるのでしょうか。公務員については、人事院で懲戒処分の指針について定めており、参考になります。

「セクシュアル・ハラスメント（他の者を不快にさせる職場における性的な言動及び他の

職員を不快にさせる職場外における性的な言動）
ア　暴行若しくは脅迫を用いてわいせつな行為をし、又は職場における上司・部下等の関係に基づく影響力を用いることにより強いて性的関係を結び若しくはわいせつな行為をした職員は、免職又は停職とする。
イ　相手の意に反することを認識の上で、わいせつな言辞、性的な内容の電話、性的な内容の手紙・電子メールの送付、身体的接触、つきまとい等の性的な言動（以下「わいせつな言辞等の性的な言動」という。）を繰り返した職員は、停職又は減給とする。この場合においてわいせつな言辞等の性的な言動を執拗に繰り返したことにより相手が強度の心的ストレスの重積による精神疾患に罹患したときは、当該職員は免職又は停職とする。
ウ　相手の意に反することを認識の上で、わいせつな言辞等の性的な言動を行った職員は、減給又は戒告とする。
（注）処分を行うに際しては、具体的な行為の態様、悪質性等も情状として考慮の上判断するものとする」

免職、停職、減給、戒告とある懲戒処分のうち、悪質性の程度に応じて、相当な懲戒処分がなされることになります。

実際に行われた懲戒処分の例について、いくつかご紹介しましょう。民間企業では、あまり公表はされていませんが、公務員だと新聞に公表されることもあります。

例えば、

「国土交通省出先機関のセクハラやわいせつ行為により課長級以上の管理職を含む男性職員の懲戒処分があいつぐ　1月〜8月で少なくとも六人処分受ける」という記事がありました（2017年11月24日　読売新聞朝刊）。

《処分を受けた職員》

**関東地方整備局の管理職男性**

2016年から1年以上の期間、部下の女性に対し職場内で二人だけになった際に性行為に関する発言、卑猥な言動を繰り返す。処分は減給3カ月。

**北海道開発局の男性職員**

飲食店で、非常勤職員の女性の体を触る。処分は減給1カ月。

女性記者に対して「胸を触られてよ」と度重なるセクハラ行為をした前財務事務次官は、

懲戒処分を受ける前に自ら辞職しましたが、財務省はもし在職中であれば、減給20%、6カ月の懲戒処分に相当すると発表しました。

## (3)ダメージが家族にも広がるのが怖い

セクハラ行為をした者自身が、ダメージを受けるのはある意味自業自得とも言えるかも知れません。

しかし、セクハラ問題が発生した場合に、そのダメージを受けるのはセクハラ行為をした者にとどまりません。家族にもダメージを与えてしまうのです。

懲戒処分で解雇ともなれば、収入が途絶えることになります。その後の転職もしづらいでしょう。

解雇にならずに転勤や部署異動でも、経済的な不安定に陥るかもしれません。

さらに、家庭不和となる怖れもあります。夫が会社で、女性部下とセクハラ行為をしていたという事情は、妻の心情として、許しがたいことでしょう。別居や離婚につながることも十分あり得ます。

特に、女性部下に、恋愛感情を抱いて執拗に性的関係を迫り、強引に性的関係を持ったと

図表　セクハラ加害者が受ける様々なダメージ

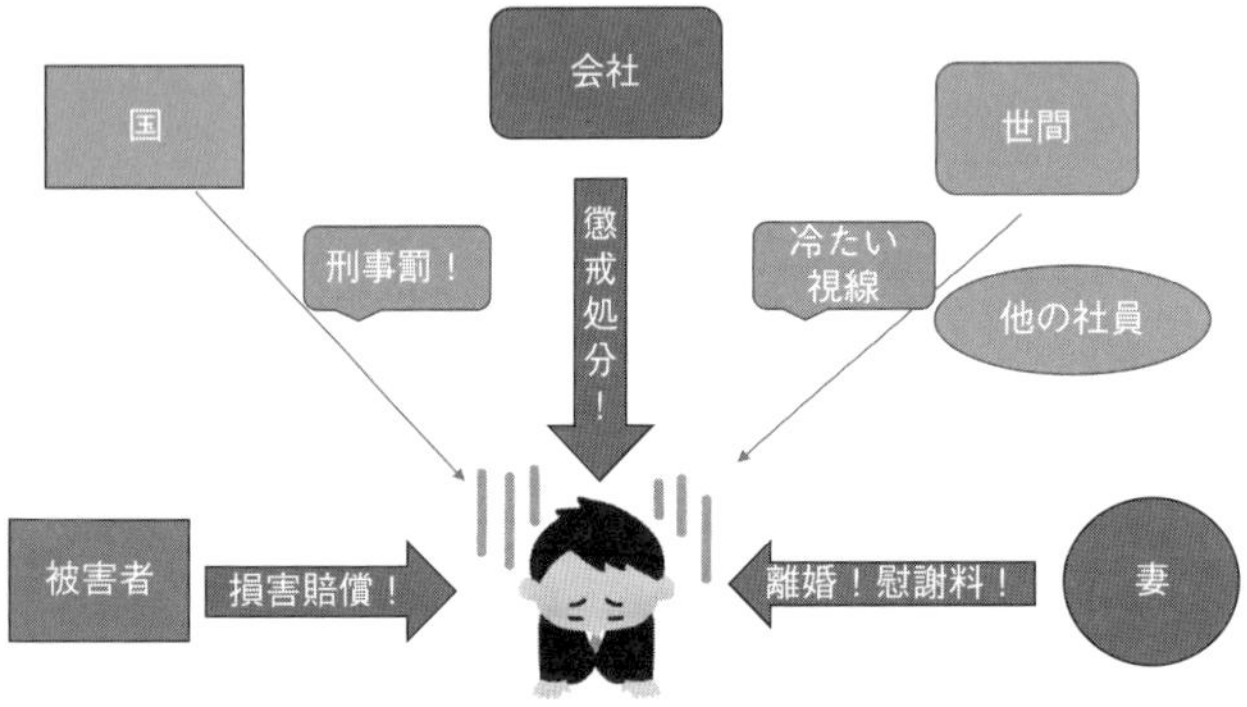


いうようなケースでは、決定的な離婚理由になるでしょう。

子どもがいれば、子どもの精神状況が不安定にもなりかねません。

セクハラ行為は、経済的な面でも、心理的な面でも、家庭を壊す行為だと言っても過言ではないのです。

## (4) ダメージが会社にも広がるのが怖い

セクハラ行為をしてしまうと、当然のことながら、会社にも迷惑をかけてしまいます。

### 1・会社の損害賠償責任

まず民事上の損害賠償責任は、セクハラをした当人だけにとどまらず、会社にも波及します。

従業員がセクハラ行為をしてしまうと、会社もまたセクハラ被害者から、民事上の損害賠償を請求される可能性があるのです。

**・使用者責任**

例えば、社内で男性上司が女性部下にセクハラ行為をした場合、その男性上司だけの責任にとどまりません。会社は、従業員が会社の業務に関して、第三者に対して不法行為を行い、損害を与えた場合には、その従業員とともに、連帯して損害賠償責任を負わなければならないのです。これを会社の使用者責任と言います。

「従業員の間の個人的な問題だから会社は関知しない」とは言えないのです。

**・職場環境配慮義務違反**

会社は、従業員が精神的に良好な環境で働けるような職場環境を維持管理する義務、「職場環境配慮義務」を負っています。セクハラやパワハラは、職場環境を悪化させる行為ですから、会社はその防止に努めなければなりません。

もしセクハラやパワハラが発生した場合には、当事者から事情聴取の上、事実を確認し、ハラスメント行為の事実があれば、懲戒処分や配置転換などの適切な措置を講じなければなりません。

労働契約法第5条には「使用者は、労働契約に伴い、労働者がその生命、身体等の安全を確保しつつ労働することができるよう、必要な配慮をするものとする」と規定されています。

また、男女雇用機会均等法第11条1項においても「職場における性的な言動に起因する問題に関する雇用管理上の措置」として、「事業主は、職場において行われる性的な言動に対するその雇用する労働者の対応により当該労働者がその労働条件につき不利益を受け、又は当該性的な言動により当該労働者の就業環境が害されることのないよう、当該労働者からの相談に応じ、適切に対応するために必要な体制の整備その他の雇用管理上必要な措置を講じなければならない」と定めています。

会社がこの職場環境配慮義務を怠り、セクハラ行為を会社が放置していたために、セクハラ行為を受けた者に損害が発生すれば、会社もまた「職場環境配慮義務違反」として、セクハラ被害者に対し、損害賠償責任を負うことになるのです。

## 2・訴訟対応にかかる時間と労力、費用

セクハラ加害者と同様に、セクハラ被害者から訴えられるだけでも、会社にはダメージが発生します。

裁判を起こされると、それに対して、きちんと反論し、証拠を出していく必要があります。

弁護士に依頼して対応する必要があるでしょう。訴えられると、時間と労力、そして費用を訴訟対応につぎ込む必要が出てくるのです。

## 3・調査や懲戒処分にかかる時間や労力、費用

さらに、セクハラ問題が発生すると、会社は調査を行い、調査の結果、セクハラ行為が認定されたならば、従業員に対する適切な処分と再発防止策をとる必要があります。

厚労省のセクハラ指針「事業主が職場における性的な言動に起因する問題に関して雇用管理上講ずべき措置についての指針」によると、事業主は、労働者からセクハラ相談の申出があった場合には、その事案に係る事実関係を迅速かつ正確に確認し、セクハラ事実が確認できた場合には、速やかに被害を受けた労働者に対する配慮のための措置を適正に行い、かつ、行為者に対しても措置を適正に行い、また、改めて職場におけるセクハラに関する方針を周知・啓発する等の再発防止措置を講じなければならないとされています。

要するに、調査の結果、セクハラ事実がありとされた場合には、被害者救済と加害者への適切な処分、再発防止に努めよというわけです。

セクハラ加害者に対しては、そのセクハラ行為に対応した「適切な処分」がなされなければなりません。処分しないで放置することも、逆に重すぎる懲戒処分をすることもダメなの

です。

セクハラ加害者を懲戒解雇をしたことについて、以下のケースのように加害者側から「懲戒解雇は無効だ！」と訴えられている裁判例も多数あります。

会社は、セクハラ被害者のみならず、セクハラ加害者からも訴訟を起こされるリスクを背負うことになるのです。このように、セクハラ問題を起こすと会社にも多大な迷惑をかけてしまうのです。

**東京地方裁判所2009年4月24日判決：Y社セクハラ懲戒解雇事件**

Y社の東京支店長で取締役でもあるXが、部下の複数の女性従業員に対して、社員旅行の宴会席上や日常において、手を握る、肩を抱く等のセクハラ行為をしたとして、Y社が懲戒解雇したことに対して、Xが「懲戒解雇は処分として重すぎるので無効だ」とY社を訴えた。

裁判所は、Xの行為は「職務、職位を悪用したセクハラ」にあたるとしつつ、使用者の懲戒権の行使は、企業秩序維持の観点から労働契約関係に基づく使用者としての権能として行われるものであるが、就業規則所定の懲戒事由が存在する場合であっても、当該具体的事情(行為の性質および態様その他)の下において、解雇が客観的に合理的な理由を欠き、社会通念上相当なものとして是認することができないときには、権利の濫用として無効になるとの基準を提示した。

その上で、本件のあてはめでは、Xの言動は、悪質性が高く、東京支店長としてセクハラを防止すべき立場にあるにもかかわらずセクハラ行為をしたことは、Xの情状が芳しくはないとしつつも、Xの言動は、宴席等で女性従業員の手を握ったり、肩を抱く程度のものであり、いわゆる強制わいせつ的なものとは一線を画すこと、本件宴会におけるセクハラは、気の緩みがちな宴会で、一定量の飲酒の上、歓談の流れの中で、調子に乗ってされた言動として捉えることもできる面があること、原告が会社に対して相応な貢献をしてきたこと、反省の情も示していること、これまでXに対して、セクハラの指導や注意がなされたことはなく、いきなり懲戒解雇に至ったことの事情等から、労働者にとって極刑である懲戒解雇を直ちに選択するというのは重きに失するものとし、権利の濫用として無効とした。


確かにXのセクハラ行為は悪質ではあるものの、クビにするのは、処分が重すぎてダメだと裁判所は言っているのです。

セクハラ問題が社内で発生すると、会社は、被害を訴える従業員と、セクハラ行為をしたとされる従業員との板挟みにあい、大変悩ましい立場に置かれるのです。

## 4・人材が流出し企業の衰退を招く

セクハラは、職場環境を悪化させ、そこで働く人の勤労意欲を低下させ、ひいては企業の衰退を招くものです。

言うまでもなく、企業は「人」によって成り立っています。セクハラは、その人の働く意欲を低下させ、人間関係を悪化させます。上司が部下に対してセクハラ行為を行ったならば、部下の上司に対する感情は、悪いものになっていくことでしょう。

さらに、セクハラによる勤労意欲の低下は、セクハラを受けた人だけにとどまりません。セクハラは、周囲の人も不快な思いにさせるものです。

従業員の勤労意欲が低下すれば、企業としての生産性も低下することでしょう。そのような職場環境が悪い企業にはいたくないと人が流出します。そして、転職が容易で優秀な人材ほど、先に辞めていくことでしょう。

ハラスメントが多発する「ブラック企業」とされてしまうと、現在のネット社会ではあっという間にその情報は拡散していきます。就職活動の学生から敬遠されてしまうかも知れません。こうしてセクハラによって、職場環境が悪化すると、働く人の意欲が低下して人が流出し、人が集まらなくなっていくのです。そして、人で成り立つ企業は衰退していくのです。

セクハラ問題が多発する会社という評判が広まれば、社会的信用、ブランド価値も下げる

図表　セクハラ問題の発生で会社が受ける様々なダメージ

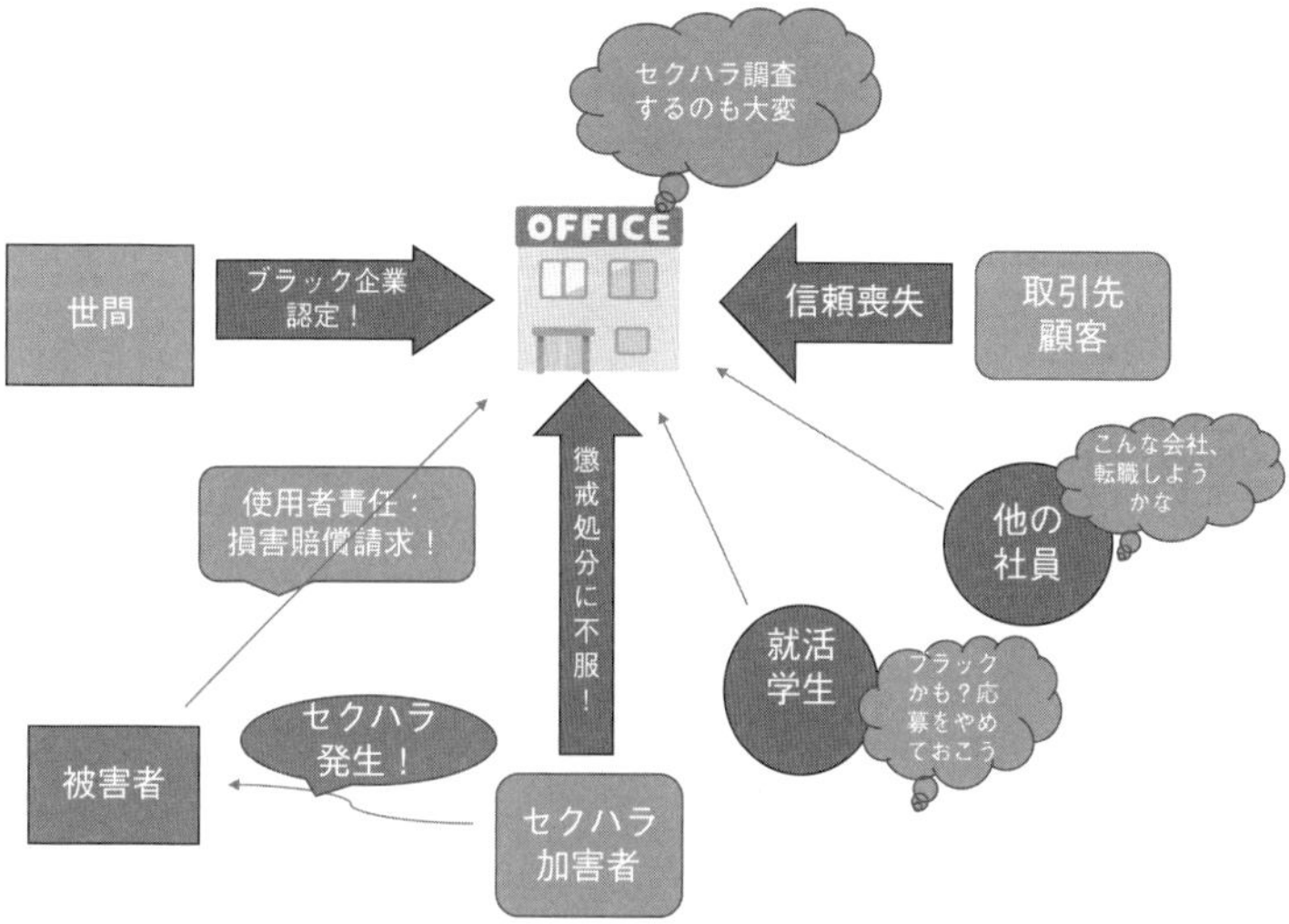


ことでしょう。セクハラが蔓延している会社の商品は買いたくない、サービスを利用したくないと新規顧客も少なくなり、既存顧客も離れていくでしょう。売上も減っていくのです。

こうして、セクハラ問題をきっかけに、企業は衰退していくのです。

たかが、セクハラと思われるかも知れませんが、これを甘くみて放置しておくと、様々な悪影響を会社に及ぼし会社の存続自体も危ぶまれることにもなりかねないのです。

こうして、セクハラをしてしまうと、会社にも、会社で働く人々にも多大な迷惑をかけてしまいます。

## 2 コントロールが難しいのが怖い

### (1) 無意識にセクハラをやってしまうところが怖い

これまで、セクハラのダメージの大きさ、責任の重さからみた怖さについてお話しました。とはいえ、どれほどダメージが大きいとしても、避けることが容易であれば、対応することができます。その行為がセクハラだと分かっていれば、確信犯でない限りはやらないものです。

ところが、「セクハラ」の怖いところは、「セクハラ」だと分からないまま無意識に、あるいは「よかれ」と思ってやったことが、実はセクハラだったというところにあります。

あらかじめそれがセクハラだと分かっていれば、良識ある人であれば、セクハラ行為をせずに自分の行動をコントロールすることができます。

ところが、自分としては、悪いという認識がなく、当然のようにやっていた行為が、実はセクハラだとすると、知識がない限り、避けようがありません。それに、セクハラの被害者は「セクハラだ」と言わない（言えない）傾向にありますから、「相手が何も言わないから大丈夫」とはならないのです。

自分としては、何らセクハラをしている意識のないままに、客観的に見ればセクハラ行為を女性部下に対して継続し、相手はずっと我慢をしていて、ある日突然女性部下から「セクハラをされた」と訴えられることもあるのです。

そのときになって「セクハラとは思わなかった」「そんなつもりはなかった」と弁解をしてもなかなか通用しません。

例えば、悪気がなく、あるいはよかれと思ってこんなことをしていないでしょうか。

・コミュニケーションには、ボディタッチがいいと信じていて、コミュニケーションのつもりで、肩をぽんと叩く

・がんばって仕事しているので、労おうと思って肩を揉む

・褒めることはいいことだと信じて、部下の女性に対して「スタイルがいいね」と容姿を褒める

・相談に乗ってあげるのがよい上司だと思って、元気がなさそうな部下に対して、プライベートで何かあったのかと心配し、「あれ、元気ないね。彼氏と何かあったの？相談にのるよ」とプライベートについて質問する

・昔、自分が新入社員のころ、宴会で裸踊りをして、上司に喜ばれたので、宴会を盛り上げようと、裸踊りをする

・深夜に女性の部下を一人帰らせるのは、危ないかなと思って、宴会の後、タクシーで自宅前まで送る

右のようなことは何の悪気もなく、下心なく、むしろ相手のためを思ってやっていることもあるでしょう。

それでも、もし相手が不快に感じれば、これらの行為はセクハラとなるのです。そして、相手が不快と感じる可能性が高い行為でもあります。

無意識にセクハラをやってしまわないための知識として、「こういう場合は、セクハラとなる可能性もある」ということを知っておく必要があります。

それでは、ちょっとここでセクハラチェックをしてみましょう。具体的には、92〜93ページのチェックシートをご覧ください。

□18 「おい」「お前」「ちょっと」などと呼ぶ。

□19 合コンのセッティングを頼む。

□20 見合い相手を紹介すると言う。

□21 飲み会の席でお酌を強要する。

□22 飲み会の席で、自分の（または特定の人の）隣に座らせる。

□23 「女の子にお茶を入れてもらったからおいしい」と言う。

□24 「女の子はやっぱりスカートがいいな」と言う。

□25 帰る際に「夜道は危ないから送っていく」と言う。

□26 顧客や取引先に、「美人な社員でしょう」と紹介する。

□27 顧客や取引先に、恋愛に関することなど個人的な情報を話す。

□28 飲み会・懇親会に同席するよう言う。

□29 下着をプレゼントする。

□30 「イライラして生理か（更年期か）？」などと聞く。

□31 仕事に関して「女の子（男の子）だから……」「女の子（男の子）のくせに……」と言う。

□32 カラオケで、デュエットすることを求める。

□33 恋人や妻（夫）へのプレゼントを購入してきて欲しいと言う。

□34 個人のメールアドレスやＬＩＮＥのアカウントなどを聞き出そうとする。

□35 今夜一晩つきあってくれたら、取引をしてあげると言う。

□36 執拗にバレンタインチョコを要求する

□37 「女性は職場の花だね」と言う。

□38 女性社員が使用する電話機を使って電話をかける。

## これはセクハラ？　セクハラセルフチェック

以下のうち、「セクハラだな」と思う行為について、□に☑をしてください。

□1　しつこく夜に二人だけの食事に誘う。

□2　職場のパソコンで、水着やヌードなどの画像を見る。

□3　「○○ちゃん」と呼ぶ。

□4　「最近太った（やせた）？」など体型のことを話題にする。

□5　話しかけてくるときにやたらと顔を近づける。

□6　プライベートの携帯電話に、私的なメールをしてくる。

□7　「まだ結婚しないの？」「子どもはまだ？」などと質問をする。

□8　「美人だね」「かわいいね」などと容姿を褒める。

□9　疲れただろうと肩を揉む。

□10　呼ぶときに肩や背中を軽く叩く。

□11　性的な話を大声でする。

□12　性的なやり取りのメールを見せ、自慢をする。

□13　取引先に「うちの子（女の子）行かせます」と言う。

□14　モデルや芸能人の写真を見せ、「君にはこんな髪型（服）似合うよ」と言う。

□15　「最近、いつエッチしたの？」「自分はしばらくセックスしていない」など性生活を話題にする。

□16　「彼氏（彼女）と最近どう？」などプライベートなことについて質問する。

□17　にやにやしながらじっと見る。

いかがでしたでしょうか?

「最近、いつエッチをしたの?」のような明らかにセクハラというものもありますが、「美人だね」「かわいいね」と言うことや夜二人だけの食事に誘うことがセクハラになるとは、思ってもいない方も多いのではないでしょうか。

しかし、これらの言動は、ただちにセクハラとして、法律上の責任を問われたり、懲戒処分になるものではありませんが、どの項目も、相手によっては不快に感じ、セクハラと指摘されてもやむを得ないものなのです。

## (2) 相手の主観に左右される点が怖い

セクハラは、「相手の意に反する性的言動」という定義のとおり、相手が「嫌だな」と思えば、基本的にセクハラとなります。つまり、自分の意図にかかわらず、相手の主観によって左右されるところが難しいところです。相手がどのように考えているのか、嫌だと思っているのかは、よくわからないことも多いでしょう。

行政通知においても「性に関する言動に対する受け止め方には個人間や男女間で差があり、セクシュアルハラスメントに当たるか否かについては、相手の判断が重要である」とされています（人事院規則10－10の運用について）。

また、雇用機会均等法第11条に関する行政通達においても、「性的な言動」及び「就業環境が害される」にあたるかの判断にあたっては、被害を受けた労働者が女性であれば「平均的な女性労働者の感じ方」、男性であれば「平均的な男性労働者の感じ方」を基準とするようにしています。

そして、労働者が、その言動に対して、意に反する言動であることを示している場合には、さらに行われる性的な言動はセクハラとされるとしているのです。

このように、セクハラ認定は、相手の主観が重視されることに注意が必要です。つまり、自分に下心がなくても、悪気がなくても相手が「嫌だな」と思えば、セクハラになるのです。

パワハラの場合には、業務との関連性、必要性が認められれば、相手が嫌だと感じたとしても、パワハラにならないのに対して、セクハラの場合には、相手の受け止め方、相手の主観がパワハラ以上に重要視されます。

極端なことを言えば、社内恋愛をしている恋人同士であれば抱きしめることやキスをすることは、当然セクハラとしては問題にはなりません（場所をわきまえてはいただきたいところですが）。

また、いわゆる下ネタを気にしない女性がいる一方で、下ネタＮＧの女性も多いものです。

あの人は下ネタOKだったから、この人もOKのはず……は通用しません。不快に感じるか否かには個人差があるのです。

「この程度でセクハラと感じる相手の方がおかしい」と思われる方もいるかもしれませんが、セクハラではあくまで相手の感じ方が優先されるのです。

ある性的言動について、対象者が不快に感じたとすれば、そこでセクハラ推定は働くと思っておいた方が無難です。

行っている本人は何ら問題ではないと思っていて（だからこそ継続してやってしまうのですが）、受け取る側は多大な精神的苦痛を受けているケースが多くあります。

そのため、セクハラ被害者の立場からすると、セクハラを受けて「嫌だな」と思っている場合には、我慢せずに「嫌です。やめてください」と言うことが必要になってきます。

相手との関係を悪くしたくなくて、言いたくても言えずに我慢してしまうことも多いでしょうが、このまま「嫌だ」と思っていることを相手に伝えなければ、相手は自分がセクハラをしているという認識がないままセクハラ行為を継続してしまうことでしょう。

直接、相手に「嫌です」と言えないようであれば、信頼できる第三者に相談してみるというのも選択肢として考えられます。

## □裁判になったときのセクハラ認定のポイントは「平均的な感じ方」

このように、セクハラは、相手の「嫌だな」という感じ方が重要視されますが、相手が「嫌だな」と思いさえすれば、すべてが法律上の責任を問われるセクハラ行為とされるわけではありません。

例えば、ある男性上司から、見られるだけでも嫌と感じる女性が、上司から「見られた」ということだけで、セクハラ認定されるわけではありません。

裁判所や会社といった第三者から判断される場合については、一定の客観性も必要となりますから、先にお話しした雇用機会均等法に関する通達のように、感じる側の主観を重要視しつつも、被害を受けた（と感じる）人が女性である場合には、「平均的な女性の感じ方」を基準とし、被害を受けた（と感じる）人が男性である場合には「平均的な男性の感じ方」を基準に、「セクハラといえるか」を考えていきます。

とは言え、セクハラにあたらなくても、相手に「嫌だな」と思われること自体が、相手を不快な気持ちにさせ、相手との人間関係を悪くしてしまいますから、自らの言動について相手が「嫌だな」と感じないかどうかについては、常に気を配っておく必要があるでしょう。

言葉で「嫌だ」と言われなくても、表情などで、相手が嫌がっている言動だったと分かることもあります。

上司としては、「部下は嫌でも嫌だと言えないもの」「人それぞれ感じ方が違うもの」ということを踏まえつつ、相手の立場に立って考えて「相手が不快に思いそうな言動はしない」ことを行動指針とするとよいでしょう。そのように考えて行動すれば、まずセクハラ行為をすることはないと思います。

## (3) 相手の気持ちが変わることが怖い

さらに、同じ人であっても、その人の主観が変化することもあります。

人の主観は、固定されたものではなく、変化するものです。あなたにもおそらく経験があると思いますが、あのときは、ある人のことがあんなにも好きだったのに、今は嫌悪さえも感じてしまうという人間関係もあるのです。

例えば大恋愛の末、結婚して一緒になったのに、時が過ぎて、いつのまにか嫌いになり、今となっては相手の顔を見るのも苦痛で嫌だということもあるのです。

女性部下と社内恋愛をしてある時までは、抱きしめることもOKだったのに、相手の気持ちが変わって、突然NGになることもあります。

事例で考えてみましょう。

> A課長は、部下のB子さんと社内恋愛をしていました。他の社員がいないところで、A課長は、B子さんを抱きしめてキスすることもありました。B子さんもそれに応えていました。
> ところが、A課長は浮気をして、B子さんに発覚しました。すると、A課長が、以前のようにB子さんを抱きしめたところ、B子さんは「セクハラです！やめてください」と拒絶するようになりました。

果たして、A課長の行為はセクハラでしょうか？

A課長は、今もB子さんと恋人同士だと思って、抱きしめたのかも知れませんが、B子さんの気持ちが変わり、嫌だと言われた以上、次に同じことをすれば、セクハラになります。

このように、以前はOKだった行為が、相手の主観の変化によって、セクハラ行為になることもあるのです。

## (4) 人によっては許されることも、自分ではダメなこともあるところが怖い

壁どん、頭ぽんぽん、顔むぎゅ、顎くいって、一時期はやりました。これをされると、女子は、胸がキュンとなり、あなたに惚れます……というのは幻想です。99%の人は、これをやるとセクハラになります。これが許されるのはごく一部の人です。ほぼだめです。絶対にやってはいけません。

「自分なら大丈夫！」という根拠のない自信を持っている方もおられるかも知れませんが、セクハラに関しては、「大丈夫じゃない」と悲観的に考えていた方が無難です。とにかく、身体的接触は「アウト」だと思っておいてください。

**Q 同じことを言ったのに、あいつはセーフで、なぜ私はアウトなんだ（怒）！**

B部長が、課内のC子さんに、「お、今日はまた一段ときれいだね！」と言ったら、C子さんは、「ありがとうございます！」ととても嬉しそうでした。

それならば、と課長である私もC子さんに喜んでもらいたいと思い、別の日にC子さんに対して「C子さん、おきれいですね！」と褒めたら、C子さんは、嫌な顔をし

て「セクハラですよ。やめてください」と言いました。同じことを言ったのに、なんでB部長ならよくて、私ならセクハラなんですか！不公平だ！差別だ！

# A

まあまあ、落ち着いてください。お気持ちは分かりますが、セクハラになるかどうかは、相手の主観が基準になりますから、言われた人によって、セクハラになったりならなかったりするのです。

例えば恋人であれば「きれいだね」「かわいいね」と言って褒めることは、喜ばれるでしょうが（むしろ必要かも知れませんが）、職場では、原則ＮＧだと思っていた方がよいでしょう。

別の人がＯＫだからといって、自分の場合もＯＫとは限りません。「セクハラだ」と言われたときに、別の人のときは、許されていたではないかという弁解は通らないのです。

## (5) 時代の流れでNGレベルが変わっていくところが怖い

「それって、セクハラですよ」と言われて、よくある弁解として、「昔は、こんなことしても何ともなかった。許されていたはずだ。上の人はみんなやっていた」というのがあります。

しかし、この弁解も通用しません。

以前は、もともとセクハラ行為だったのが、被害者側の我慢によって、表にあらわれなかったに過ぎません。

時代が変わって、ダメになったのではなく、もともとダメだったセクハラ行為が、時代の流れでやっと「ダメなものをダメだ」と言えるようになったのです。

セクハラ行為を受けておきながら、二次的被害を怖れて、我慢して、声を上げることができなかった人(主に女性)が、少しずつ声を上げるようになってきたのです(例えば、#ＭｅＴｏｏ運動)。今後もこの流れはさらに加速していくことでしょう。

そこで、今は、許されていると思われる言動についても、時代が変わると、ＮＧと評価される可能性もあるわけです。「以前はよかったから、許されていたから、今も大丈夫だろう」とならないところが、セクハラの難しいところでもあります。

## (6)「女性らしさ」「男性らしさ」を子どものころから刷り込まれているところが怖い

子どものころ「女の子なんだからおしとやかにしなさい」「男の子なんだからこんなことで泣くな」などと親から叱られた経験はないでしょうか。

このような経験から、男性はたくましく強くと、女性は優しく繊細でなどと、それぞれ「男性らしさ」「女性らしさ」のイメージを持っていることも多いものです。

これを**「性別役割分担意識」**と言います。この性別役割分担意識がしみ込んでいると、何気なく「女性なのだから接客をして」「男性なのだから荷物運びをしなさい」とつい言葉に出してしまいがちです。でもその言動は、相手に嫌な思いをさせてしまうセクハラになる可能性があるのです。

内心で「女性には○○であって欲しい」「男性は○○であるべきだ」と思うことは、子どものころからの刷り込みもあるので、ある程度は仕方がないことかも知れませんが、言葉には出さないようにしましょう。

「女性は」「男性は」と、言葉にすると、セクハラとなる可能性があるので、注意が必要です。

## (7) 本能に絡むところが怖い

ざっくり言ってしまえば、ほとんどの男性は本能的に女性が大好きです。女性が接客してくれるお店（キャバクラ）や風俗店がビジネスとして成り立ち、男性向けの大衆週刊誌ではヌード写真やセックスに関する記事がほぼ毎回掲載されているのは、そこに需要があるからです。

もちろん仕事上で、やりとりのある女性に対して、女性として関心を持ったとしても、通常は理性の働きによって、「それは許されないこと」と身体に触ったりはしません。

ところが、お酒が入ると、気が緩み理性の制御が弱くなって、「女性好き」本能のままに行動するリスクが高くなるのです。実際に、セクハラ事例の多くは、前述のとおり宴席やその後のタクシー車内で発生しています。

普段、会社内では紳士的でかっこいい男性上司が、宴席になると、セクハラ発言を連発するイケてないセクハラ上司になってしまうのも、ありがちなことです。

キャバクラで接客してくれる女性に対してやっていること（もちろん限度はありますが）を、会社の宴席にも持ち込んで女性社員にやってしまうと、間違いなくセクハラとなります。

ところが、お酒に酔って、会社の宴席でも、本能の勢いで、女性社員に触ったり、下ネタを連発してしまうと「セクハラ上司」と烙印を押されてしまうのです。

このように、お酒の席でやってしまいがちなセクハラですが、「お酒に酔っていて……」の弁解は一切通用しません。セクハラはセクハラです。

また、お酒の席だと、宴会を盛り上げよう、笑いをとろうと下ネタを連発する人もいます。一部の人には、とてもウケているのかも知れませんが、下ネタは、嫌な思いをしている人がいる可能性がかなり高いものです。

そして、女性の多くは、笑っているようなフリをしていても、内心は「嫌だな」と感じていることでしょう。下ネタ発言は、会社内はもちろんのこと宴席であっても、誰かを不快にさせないために、そして自分の品格を下げないためにも、やめておきましょう。

職場はもとより、お酒の席でも、男の本能をしっかり理性でコントロールしなければなりません。

## (8) 恋愛に絡むところが怖い

そして、私がセクハラで本当に怖いと思っているところは、恋愛に絡むところです。

本人は、恋愛だ、ロマンスだと思っていたのが、相手からすると「セクハラ」だったということが少なからずあるのです。

一緒に仕事をしていると、ときに「異性」として意識することもあり得ることです。素敵だな、かわいいなと恋心を抱いてしまうかも知れません。

心理学上、ザイアンス効果（単純接触効果）と言って、一緒にいる時間や接触頻度が高いほど、相手のことを好きになりやすいと言われています。つまり、職場で日々顔を会わせていると恋をしてしまう可能性もあるのです。

しかし、職場では、それを理性で制御するということが要求されます。「それはそれ、これはこれ」と切り分ける必要があります。実際に、恋心を抱いたとしても、多くの人は、理性で制御していることでしょう。

恋をするということ、誰かを好きになってしまうこと、それ自体は人として自然なことです。決して悪いことではありません。そして、「恋はするものではなく、落ちてしまうもの」と言われるように、気がついたときには、相手に対して恋愛感情を抱いていたということもあるかも知れません。

しかし、社内の部下や会社の関係のある人、仕事関係の人に恋してしまうことは、セクハラのリスクが伴う危険なことでもあります。

恋をすると、理性レベルが低下します。「恋は一途」と言われるように、周りのことが見えなくなり、どうしても視野が狭くなります。自分が客観的にどのような行動をしているのか、相手がどう感じているのか見えなくなってきます。理性のブレーキが利かずに、暴走しやすくなるのです。

恋をすると相手との距離を縮めたくて、何度もメールやＬＩＮＥメッセージを送ってしまいがちになります。何度も食事に誘ってしまいます。諦めずにがんばってしまいます。

そして、それが結果として「深刻なセクハラ」となってしまうのです。

**「自分にとっては、『真剣な恋愛』でした。遊びなんかではありません。ところが、相手にとっては、『深刻なセクハラ』でした」**

という悲劇がおこるのです。

ここが怖いのです。思いが真剣であればあるほど、アプローチをがんばってしまいますが、自分ががんばればがんばるほど、相手にとっては深刻なセクハラになり、相手を苦しめてしまうのです。

## □あなたの「恋の努力」がセクハラに⁉

遊びなら「セクハラ」と言われても理解できますが、自分の真剣な恋がセクハラだとは、思いもつかないのです。

それに、軽い気持ちで誘ったのであれば、断られると、諦めもつきやすく、その後に誘うことはないかも知れません。

ところが、相手に対する恋愛感情が強かったり、真剣な恋の場合には、相手から断られても、なかなか諦めがつかないで、断られても、嫌がられても、しつこく何度も誘ってしまうのです。

「好きな異性には諦めずに何度もアタックすべし！男は押しが大切だ」
「彼女には、この真剣な思いが、いつか必ず通じるはず」

相手が拒絶していても、「嫌よ嫌よも好きのうち」と、自分に都合よく考えて、諦めないのです。草食系男子が増えてきているとは言え、そう信じている男性もおられることでしょう。

しかし、仕事の関係があると、その「恋の努力」はセクハラの可能性があるのです。

悲しいことに、努力をすればするほど、努力が報われないどころか、相手に不快な思いをさせ、相手に嫌われ、相手を深く傷つけてしまうということにもなりかねません。

セクハラ行為の典型例として、「執拗に二人だけの食事に誘う」というものがあります。「え？これがセクハラになるの⁉」と腑に落ちない方も多いと思います。もし、断りやすい関係であれば（典型的なのは、路上でのナンパ）、セクハラになりませんが、上司に誘われたら、仕事上の関係から、断りづらいという気持ちが心理的な葛藤を与え、「嫌だな」と思わせるのです。

ただ、個別に二人だけの食事やデートに誘うということで、「嫌だな」と思われる怖れがありますが、一回だけであれば、そう問題視されることはありません。

もし、どうしても誘いたいのであれば、一回食事に誘って、断られたのであれば、その後は誘うことは控えた方がいいでしょう。

相手が「分かりました」と言って同意してくれた場合にも、内心は「嫌だけど、気を悪くしたら困るので」と同意している場合もあるので、その可能性があることも踏まえて、「ちょっと無理させてしまったかな」と感じたならば、誘うことは控えましょう。

ここで諦めずに、「押しの一手」で繰り返し食事やデートに誘ってしまうと、相手から「セクハラだ」とされる可能性が高くなるのです。

真剣に相手に恋愛感情を持ってしまった場合には、とてもつらいところですが、ここは潔く諦めましょう。

## □一回目がOKだから、次もOK？

なお、二人だけの食事に誘ってみて、相手が同意してくれたからといって、相手が自分に好意を持っているとは限りません。そして、その後に、いくら誘っても大丈夫だということにもなりません。ここが、男性は誤解しやすいところなので、注意が必要です。

実は、相手は、本当は断りたいのに、誘ってきた相手との関係が気まずくなるのを怖れて、我慢して同意してくれた可能性もあるからです。一回目がＯＫだったとしても、その次もＯＫ、男女としての交際ＯＫだということにはなりません。

私がセクハラ被害を受けたという女性からの相談で、男性上司がしつこく食事に誘うので、「一回つき合えば満足してこれ以上は誘わなくなるだろう」と思って、食事に付き合ったという女性もいました。

ところが、男性上司は、「食事に付き合ってくれたということは自分に好意がある！」と思い込んで、さらにその女性をしつこく食事に誘うようになってしまったとのことです。

このように、一回目がＯＫだったとしても、二回目以降はＮＧということがありますので、二回目以降に食事やデートに誘う場合にも、相手の気持ちも推し量りながら、慎重に行動した方がよいでしょう。

「部下は、上司からの誘いには、断りにくいもの。断ることに勇気がいるもの」ということを踏まえて行動しましょう。

いずれにしても、仕事関係のある異性を二人だけの食事に誘うことは、セクハラとされるリスクが伴います。

**Q「愛しているよ」と告白するのはセクハラになるの？**

私は会社の部長職をしていて、部下で10歳年下のA子さんの優しい性格と真面目な仕事ぶりから、いつのまにかA子さんを一人の女性として愛してしまいました。私には妻子もありますし、愛の告白をすることを我慢していたのですが、燃え上がる気持ちをどうにも抑えきれなくなって、A子さんに「あなたのことを愛しています」とメールを送ったのです。

ところが、A子さんから返事はなく、彼女を困らせてしまったかと思い、A子さんに対して「もういいです」とメールしました。

その後、A子さんはハラスメント相談室に駆けこんで、このメールを相談員に見せて、私から「セクハラを受けて困っています」と申告したらしいのです。

相談員から、A子さんが、私の真剣な告白を「セクハラだ」と訴えたことを聞いてショックを受けました。私は自分の真剣な気持ちを伝えただけなのに……。

これでもセクハラになるのですか!?

愛の告白をしたらいけないのですか!?

A

まあ、まあ、落ち着いてください。あなたとしては、真剣な恋だった、その思いを告げただけだということですね。なるほど、その真剣なお気持ちには偽りはないと思います。恋をしてしまうことも自分ではどうしようもないことかも知れません。誰かに恋をすること自体は、悪いことではありませんし、むしろ素敵なことでしょう。

しかし、たとえそうであっても、仕事上の関係があり、相手が「嫌だな」と心理的な負担を感じてしまうと、残念ながらその愛の告白は、「セクハラ」になってしまうのです。

裁判例の中で、「愛の告白」がセクハラにあたるかが問題となった例がありました（２０１６年12月21日東京地方裁判所判決より）。

２０１５年５月７日から翌８日にかけての被告$Y_1$の原告に対して送信したメッセージは、違法性を有するものというべきである。

すなわち、上記事実によれば、被告$Y_1$は、同月７日午前１時23分から原告に対して断続的かつ一方的にメッセージを送信し、その中で「こんなことを言うのは良くないと思ってたので、ずっと我慢してたんだけど……」「Xさんのこと、ずっと愛してる」「本当に、愛してるよ」などといったメッセージを送信し、翌８日には、これに対する原告からの反応がないことから、「僕の涙のワケ、分かる？」と尋ね、原告から答えをはぐらかされたことに対して「もう、いい」などと述べたものである。

そして、「愛してる」といった発言は、性的意味合いをも持つものである上、前記のとおり、被告$Y_1$と原告は職場における上司と部下の関係であって、このような発言を受けた部下を大いに困惑させるばかりか、部下である原告にとってみると、対応次第によっては以後業務上の不利益を被る危惧を抱きながら応答することを余儀なくされるものである。

（中略）
したがって、上記両日において、被告$Y_1$が原告に対して「愛してる」などとメッセージを送信した上、原告からはぐらかすような応答がされたことに対して「もう、いい」などというメッセージを送信した行為は、原告を不安・困惑に陥れ，以後の就業環境を不快なものにする言動であるから、社会通念上相当性を欠く違法なセクハラ行為に当たるというべきである。

この裁判例では、被告$Y_1$が他に原告に対してその頭部を複数回触るといった行為についてもセクハラ行為と認定した上で、$Y_1$に対し慰謝料10万円を支払うよう命じました。

このように真剣な恋愛だから、その告白だからといって許されるわけではないのです。職務上の地位の違い、上司と部下という関係があれば、愛の告白も相手に心理的な負担を与えセクハラになり得ることは、注意が必要です。恋をしてしまうことはどうしようもないことであっても、グッと心の中に留めて、告白はしない方がいいでしょう。映画「男はつらいよ」の寅さんのように、告白することを我慢して、恋をした女性の幸せを祈るのが、カッコいいのです。

また、気持ちを抑えきれずに、告白をした場合に、相手が困っているようであれば、すぐに謝罪しましょう。

なお、相手が告白を受け入れた場合、セクハラにはならないものの、そのまま男女の関係になったりしますと、自分や相手に配偶者がいると不倫問題となって、それはそれでトラブルのもとですので、気をつける必要があります。

### □蜜月が壊れるとセクハラになる？

社内の女性部下と恋愛関係にあって、うまくやっていると思っている方も、もしかすると、次のようなことになるかも知れませんよ。

> A子さんは、優しくて仕事ができる会社の上司のB課長のことが好きになり、猛烈にアタックしました。B課長は、部下との交際は望ましくないと考えて、A子さんからの誘いに乗らないようにしていましたが、それでもA子さんは、アタックしてきました。いつしかB課長もそんな一途なA子さんのことをかわいく思い、交際を始め、男女の関係になりました。

ところが、交際を始めると、A子さんは、B課長のスマホを勝手に見たりして、B課長の行動を束縛するようになりました。そのようなことをするA子さんのことが嫌になったB課長は、A子さんに対して、別れを切り出しました。A子さんは、泣いて、飛び出していきました。

その後、A子さんは、会社のセクハラ相談窓口に「B課長からセクハラを受けました。交際を強要されたのです。私は嫌でしたが、仕事上で不利益になるのが怖くて、断りきれませんでした」と訴えたのです。

B課長は、会社の調査委員会から調査を受けて、A子さんとは交際していて、男女関係もあったが、それはA子さんの同意の上であると弁解しましたが、調査委員会はB課長の弁解を認めてくれませんでした。

そして、B課長は、降格処分となり、別の支店に転勤となりました。

これは、あくまで架空事例ですが、このようなことは、私たちの身近でも十分あり得ることです。

A子さんから「セクハラだ」「課長なので断り切れなかった」と言われてしまうと、B課長としては、部下のA子さんと交際し、「恋愛関係だった」「男女の関係は同意の上であった」

と説明しなければなりません。

しかし、そのことを、第三者である調査委員会や裁判所に分かってもらうことは容易ではありません。部下の女性は上司からの要求に対しては「嫌なことでも、なかなか嫌とは言えないもの」という前提があるからです。

それに、もし、調査によって真実は分かったとしても、B課長からセクハラをされたと言われただけでも、その時点で、「B課長はセクハラをしたようだ」と周囲からは見られ、大きなダメージを受けることでしょう。

以前、次のような悲しい事件がありました。

「セクハラはやっていません」
**助教授抗議の自殺**
—河北新報　2005年3月22日の記事より

教え子に対するセクハラ行為の疑いをかけられていた東北大学大学院国際文化研究所の40代の男性助教授が、練炭による一酸化炭素中毒で死亡していたことが21日、分かった。

無実を主張する遺書が残されており、宮城県警仙台北署は抗議の自殺とみている。

助教授の遺体は仙台市青葉区の霊園に止まっていた本人所有の車の中で13日午後、通行人に発見された。外傷はなく、車内には練炭を燃やした跡があり「セクハラはやっていません」と記した遺書が残っていた。


助教授は、教え子の女性大学院生へのセクハラ行為が指摘され、2月23日の同大大学院国際文化研究科の教授会で「懲戒相当」とする処分案が承認され、4月にも停職や解雇などの処分が決まる立場にあった。

報告書などによると助教授は大学院生の直接の指導教官で、2003年ごろから性的関係を持っていた。

しかし、大学院生が昨年春ごろ、助教授との関係を第三者に相談しようとしたところ、助教授は「君の指導教官を降りる」と圧力をかけ、関係を続けるように迫ったとされる。

同研究科は昨年（2004年）9月に、女性大学院生の訴えを受けて調査委員会を設け、関係者から聞き取り調査などを行っていた。


助教授は「圧力をかけたり、関係を迫った事実はない。調査委員会は確かなことを何一つ調べていない」と一部の記者らに話し、委員の一部からも「えん罪だ」との見方が出た。

全学のセクハラ防止対策委員会は「公平性、客観性の確保が不十分」と勧告し、委員4人中3人を交代。しかし、弁護士を加えた新調査委員会が結局、セクハラを認定した。

自殺した助教授としては、真剣な恋愛、交際だと信じていたのに、女性にとってはセクハラだったのかも知れません。

このように、部下や学生と男女関係になってしまうと相手のみならず自らの人生をも狂わすことにもなりかねないのです。

## (9) セクハラにならなくても不倫になってしまうのが怖い

さらに、自分ないし相手に既婚者がいる場合には、仕事関係の異性を誘うことは、セクハラとなるリスクに加えて、「不倫」のリスクも出てきます。相手が同意しているのであれば、部下の女性と性的関係を持ってもセクハラとはなりませんが、自分の配偶者との関係では不倫となります。

そして、独身男性上司より、既婚男性上司がセクハラ行為者になることが多いようです。セクハラ問題が発生すると様々なダメージを受けますが、不倫についても大きなダメージが発生します。不倫が配偶者に発覚すると、ほぼ間違いなく離婚の危機に直面します。

妻が不倫を許してくれない場合には、妻から離婚を突き付けられ、その上慰謝料も請求されます。不倫は、法律上定められた離婚事由にあたりますから、自分が離婚をしたくないと拒否しても、裁判になれば、強制的に離婚させられる可能性があるのです。

ちなみに、不倫をした側が、配偶者と離婚し不倫相手と結婚したいと思って、配偶者に離婚を申し入れても、配偶者が離婚に応じてくれない場合には、なかなか離婚することができません。離婚を求めて裁判をしても自分は「有責配偶者」として、裁判所は、そう簡単には離婚を認めてくれないのです。

「有責配偶者」とは、婚姻関係を破綻させた原因を作った側の配偶者のことです。典型的なのが、不倫をして、家庭を壊した配偶者です。

昔は、この「有責配偶者」からの離婚請求は、「わがまま身勝手」「妻からすれば踏んだり蹴ったり」とのことで、裁判所は離婚を認めませんでした。

しかし、1987年の最高裁判決で、次の厳格な要件を満たすことで、例外的に離婚を認めるということに、判例変更をしました。

①夫婦の別居が両当事者の年齢及び同居期間と比較して、かなり長期間に及んでいること

②当事者の間に未成熟の子どもが存在しないこと

③相手方配偶者が離婚により精神的、社会的、経済的に非常に苛酷な状況に置かれることになるなど、離婚請求を認めることによって相手方が大きなダメージを受けるような事情がないこと

①の期間については、相当期間が必要で8年でもダメだとした裁判例もあります。③の要件を満たすために、相当程度の財産給付（財産分与や慰謝料）もしなければなりません。

例外的に有責配偶者からの離婚請求が認められる場合があるとは言え、そのハードルは高く、社内の女性部下と不倫をした後に、妻と別れたいと思っても、なかなか別れられないと思っておいた方がよいでしょう。

## □「身から出た錆」の代償は大きい

さらに、不倫をしてしまうと職場にいられないこともあります。不倫関係が会社に発覚すると、会社は、不倫をした二人が、同じ部署、同じ支店にならないように配置転換をするでしょう。事実上の左遷です。これまで、出世の階段を順調にのぼってきた人も、「不倫の落

図表　W不倫をしたことの典型的な代償

既婚者Ａさんは、会社の部下Ｂ子さん（既婚者）に、しつこくアプローチをして、男女関係を持ちました。

とし穴」で、脱落してしまいかねないのです。

私は、不倫の事件も多くやってきましたが、以前、不倫をされた夫の代理人として、妻の不貞相手の男性に慰謝料を請求し、不倫をした相手の男性に事務所に来てもらったことがあります。そのとき不倫をした男性が、自ら土下座をして夫に謝罪する様子を見て、なんとも言えない気持ちになりました。

さらにW不倫、自分だけでなく相手も既婚者ともなると、自分はさらに窮地に追い込まれます。

既婚者Aさんは、会社の部下B子さん（既婚者）に、しつこくアプローチをして、男女関係を持ったという例で見ていきましょう。

この例で、Aさんは、B子さんからセクハラで訴えられるリスクとともに、妻との関係では、離婚、慰謝料を請求されるリスク、さらにB子さんの夫から慰謝料を請求されるリスクも負うのです。

さらに会社や世間から責められるかも知れません。「身から出た錆び」とは言え、悲惨な状況に置かれるのです。

## (10) 男性と女性の意識のずれが怖い

あくまで一般論ですが、男性は、自分はもてると思い込みやすく(つまり勘違いしやすい)、相手の気持ちを読み取ることは苦手なものです。一方、女性は相手に気を使って、表向きは愛想よく振る舞うことができる人が多いようです。

女性は自分が「NO」と言うことで、男性上司の面子を潰すことを避けようとします。宴席などでは、場の空気を壊したくないという思いも働きます。

勘違いしやすい男性と愛想よく振る舞うことができる女性が組み合わさると、どうなるでしょうか。男性がセクハラ行為をしているのに対して、女性は愛想笑いをしている場合、男性は女性が笑ってくれているじゃないか、喜んでくれているじゃないか、さらには、もしかして自分に気があるのではないかと、自信をつけて、自分がセクハラをしていると気がつかないままセクハラを続けてしまうことでしょう。

分かりやすい三つの事例を挙げてみます。

○事例1

男性上司：「あれ、髪型変えたの？　似合うよ。かわいいね～」

女性部下：（内心で嫌だなあと思いつつ）「あ、はい。ありがとうございます……」

男性上司：（喜んでくれた！もっと褒めてあげよう）

○事例2

男性上司：「個人のメルアド教えてよ」

女性部下：（内心で嫌だなあと思いつつ）「……分かりました」

男性上司：（嫌なら断るはずだよな。教えてくれたということは、脈があるということかも！）

○事例3

男性上司：「君の家でご飯食べたいな」

女性部下：「……分かりました」（内心で嫌だなあと思いつつ、何度もしつこく言ってくるので、一度食べさせれば満足してくれて終わるだろうと考えた）

男性上司：（やった！自宅に入れてくれることは、交際ＯＫということなんだ！）

女性が笑ってくれたから大丈夫、とは限りません。女性のその笑顔は、作り笑いで、内心は「嫌だな」と思っているのかも知れません。女性部下は基本的に上司に対して「嫌だ」とは言えないものと思って、相手の気持ちを推し量ることが大切です。

## (11) 上司と部下との意識のずれが怖い

上司はその気がなくとも、部下は「パワー」を意識するものです。断ると気まずくなるかも知れない、関係が悪くなるかも知れないと、気にしています。

嫌なことも嫌とは言いづらいものです。さらに「嫌なら言ってね」と言われてもなかなか「嫌だ」とは言えない部下もいるでしょう。

つまり、表向きは「YES」と言っていても、内心では「嫌だな」と感じていることもよくあるのです。

表向きの「YES」だけから、「YESと言っているのだから、何ら問題はないはず」と思うと、後から、「実はとても嫌でした」「苦痛でした」と言われ、「じゃあ、あの時、なぜ嫌だと言ってくれなかったのか」と聞いても、「あの時は気まずくなることや、不利益になることが嫌で、我慢していました」と言われてしまうのです。

そして、その「嫌でも嫌とはとても言えませんでした」という説明は、確かに上下関係のある部下側の心理としてはそのとおりですから、セクハラで訴えられた場合、裁判所も合理的なものと認める傾向にあります。

## □自分のパワーを常に意識する

上司と部下、派遣先の社員と派遣社員、指導教員と学生のように、両者の間に力関係の差があるところでは、力を持っている側は、普通に二人だけの食事に誘ったつもりであっても、部下や学生は、内心気が乗らなくても「断ると気まずくなるかもしれない」と思って、断らずに応じることもあるのです。それを上司は、自らが持つパワーに気がつかずに、合意があった、喜んでくれた、自分に好意を持っていると思いがちです。

上司や指導担当教員といった立場にある方は、自分にはパワーがあることを常に意識し、部下や学生が「嫌であっても断れないもの」ということを理解しておく必要があります。

相手が断ることに負荷がかかるような誘い自体をやめておくこと、もし誘うときには、相手が断りやすいように、表情や表現に気を配ることです。

相手と認識の違いがあることを踏まえて、誘ってみて少しでも嫌そうな空気を感じたら、二度としないようにしてください。

もし、相手が「嫌だ」と言ったならば、よほど相手は嫌だったということです。間違っても「嫌よ嫌よも好きのうち」とは、思わないようにしてください。がんばって誘いを続けてしまうことは、セクハラの穴にますます落ちてしまうことになります。

まとめです。ぜひ、以下の二つを行動の指針にしてください。
①相手は、内心嫌であっても嫌だと言えないもの。ときに内心嫌であっても、笑顔を浮かべて「いい」と言ってくることもあることを自覚すること
②もし誘って「嫌だ」と言われたら、よほど嫌だということ、決して誘い続けてはいけないこと

## (12) 仕事が順調なときにやってしまいがちなのが怖い

実は、仕事がうまくいって調子がいいときや、責任のある役職に就いているときにセクハラの穴に陥りやすいものです。セクハラはいわば「人生ゲーム」の落とし穴です。

男性は、仕事が順調、仕事が充実しているとき、エネルギッシュになり、女性への関心が増加しやすくなります。

仕事が順調で充実していると、責任のある地位・役職に就きますし、自分に自信も持てて、人に対する態度も堂々としてきます。自信がある、堂々としていると、実際にもてることもあるでしょうし、もてていると誤解しがちです。

人が寄ってくる、持ち上げてくるのは、その多くは、地位や権力があるからなのですが、自分に男としての魅力があるのではないかと誤解するのです。

また、地位・役職がついてくると、部下たちも自分の言うことを素直に聞いて、歯向かってくる人もいませんから、自分はなんでもできるぞという「万能感」が湧いてきます。

部下たちに、指示をすれば、みな「分かりました」と素直にやってくれます。思うとおりにできる範囲が増え、気に入った異性との関係も思うとおりにしたいなと思う人もいるのです。

裁判例を見ても、会社役員や部長職といった社内における地位の高い男性から女性社員に対するセクハラの事案が多くあります。

セクハラは、「偉くなった人」にとって、人生ゲームの陥りやすい穴なので、「偉くなった人」ほど気をつける必要があります。そして、「偉くなった人」ほど、セクハラをした後にわが身に降りかかるダメージは大きくなります。

近時の裁判例で、会社役員が、女性社員にしつこくセクハラ行為をしたものがありました。

この会社役員のセクハラ行為を見ていると、自分の「偉さ」におぼれて女性社員に対して何をしても許されると考えていたようにも思えます。

**東京地方裁判所判決2018年1月16日**

転職キャリアコンサルタント会社に勤務する女性である原告Xが、同じ会社に勤務する被告Y（常務執行役員）から、長期間かつ多数回にわたるわいせつ行為その他の嫌がらせ行為を受けたと主張し、不法行為に基づく損害賠償として、慰謝料300万円等の損害賠償を求めた事案。裁判所はYに対し、慰謝料120万円を支払うよう命じた。

裁判所が認定したセクハラ行為は、次のように多岐にわたります。

・Yは、2010年ころ2016年6月に至るまでの6年以上にわたって、まずはXに執拗に話しかけては食事に誘うなどする中、「おっぱい」などと卑猥な発言をし、胸部を触るような仕草をした。
・食事の帰り際などにXの脇や臀部を指でつつくという、決して軽微とは言えないセクハラ行為を、Y自身も「常習的」と評するほどの頻度で繰り返していた。
・Yは、自身がXと特別な関係にあるかのごとく一方的に吹聴する、Xに背後から抱きつく、ワンピースのファスナーを下すしぐさをする（しかも、少なくとも一度は実際に下してしまっている）、エレベーター内で頭や顔をXに押し付ける、飲み会などの際に執拗にXに接触する、業務時のXのそばに隠れて驚かす、Xの財布やスマートフォンに勝手に触るなどの行為を複数回行っていた。

裁判所は、Yはこのようなセクハラ行為を長期間かつかなりの頻度で繰り返し、その都度Xから強い言葉で叱責され、拒絶されていたにもかかわらず、これを繰り返していた事情からすれば、本件不法行為中にはそれ自体の程度としては軽微なものも少なくないものの、総じて評価すれば、YのXに対するいわゆるセクハラを中心とする本件不法行為は態様においても悪質なものであり、Xの被害の程度は大きいと見るのが相当であるとしました。

Yは一部の行為については認め、反省の意思を示すかのように述べてはいたのですが、裁判所は、「Yの根本的な認識としては、自身の行為は原告との間の信頼関係を基礎に、仲のよさに甘えて行った（ヘビーではないという意味での「ライト」ないたずら行為にすぎない）などというものであり、事態の深刻さを全く意識していないものと言わざるを得ないし、真摯な反省の態度が見て取れるとは到底言い難いとして、Yは真摯に反省していないとしました。

Y役員がしたことは、セクハラ行為のオンパレードですが、意外とありがちなのかもしれません。

前述のようにYは、Xと仲がよいと勝手に思っていて、「ライト」ないたずら行為をしていたと思い、だからこそ、相手が拒否していても、反省をしてやめることなく、しつこく繰り返していたのでしょう。

第三者から見れば、Yの行為はどう見てもセクハラでアウトなのですが、当の本人Yは、自分に都合よく解釈して、悪いことをしているという自覚がないのです。

「自分とあの人の関係だったら、大丈夫だろう」という思い込みが危険です。性的な冗談や接触も自分なら、あの人のキャラクターなら許されると思ってしまうことは、実はよくありがちなことではないでしょうか。もしそう思い込んでいたとしたら、かなり危険です。

この裁判例のように相手が我慢できなくなったら、ある日突然、会社に相談されて懲戒処分を受け（本件では、Yは常務執行役員を解任する懲戒処分を受けました）、裁判を起こされ慰謝料を払わなければならなくなるのです。

それに裁判は公開されますから、マスコミによって世に公表されるかも知れません。社会的な地位が高ければ高いほど、そのダメージは大きくなることでしょう。

## (13) 家庭がうまくいっていないときに陥りやすいのが怖い

妻との関係がうまくいっていない男性上司も、セクハラの穴に陥りやすいところです。妻から冷たくされ、家に居場所を失って、自信をなくしているときに、自分が出した指示に素直に従って、自分のことを尊敬してくれる女性部下がいたら、恋愛感情を抱いてしまうこともあるでしょう。

ここで、その感情を理性で制御することができればいいのですが、それができずに夜二人だけの食事に誘うなどして、その女性との距離を縮めようとすることもあるかもしれません。

女性部下に夫婦関係がうまくいっていないことの相談に乗って欲しいと言って、声をかけることもありがちです。そのとき、相手の女性部下が、嫌に思えばセクハラとなり、誘いに応じて交際が始まり、その後男女の関係になれば、不倫となってしまうのです。

夫婦の関係がうまくいかないことによる心のすき間を、部下との恋愛で埋めようとすると、セクハラや不倫の穴に落ちてしまうリスクが出てきます。

## Q 部下に夫婦関係の相談をするのもセクハラになるの？

私は、最近妻との関係がギクシャクしていてうまくいっていません。「妻から、あなたは私の気持ちを分かっていない」などと責められます。そこで、妻の気持ちを知りたいと思って、部下のB子さんに、夫婦関係の悩みについて、相談したいと頼みました。込み入った相談ですから、当然二人だけです。これもセクハラになるのですか？

## A

B子さんが「嫌だな」と思えば、セクハラになります。またB子さんが「嫌だな」と思わず、悩みを聞いてくれたとしても、B子さんに恋愛感情を抱いてしまい、そこからセクハラや不倫に発展することもありますので、女性部下に夫婦関係の悩みを相談することは、おすすめできません。

# 3 セクハラされたと言われてしまうと、弁解をしてもなかなか認められないのが怖い

## (1) セクハラ訴訟の構造

「それってセクハラです！」と言われて、弁解しても、その弁解がなかなか認められないのがセクハラの怖いところです。

会社のセクハラ相談窓口に「セクハラをされた」と相談されたり、裁判でセクハラと訴えられて「セクハラではない」と弁解しても、その弁解を会社の調査委員会や裁判所に認めてもらうのは、そう簡単ではありません。

**セクハラと言われてよくある弁解**

・下心なんてない！
・これは純粋な恋愛なんだ！
・コミュニケーションを取っただけ

図表　セクハラ訴訟のよくあるパターン

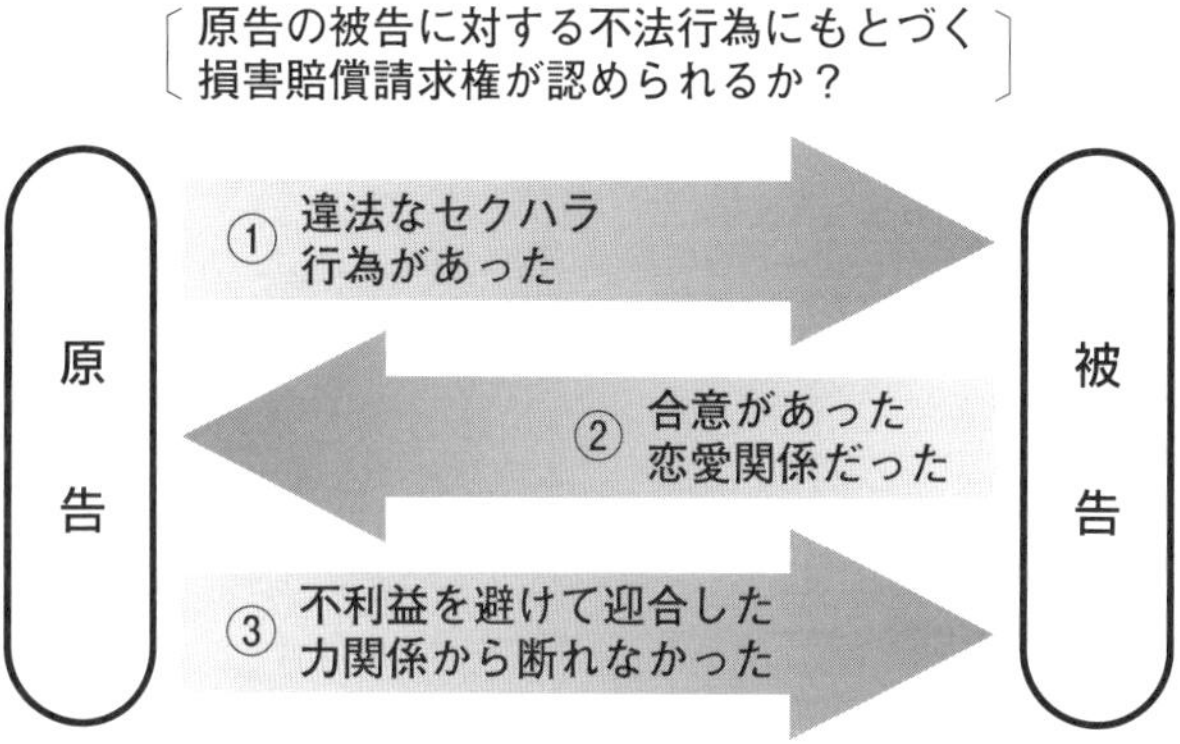


・褒めたのに何が悪い！
・相手も楽しんでいた、喜んでいた、笑っていた
・これくらいのこと昔は許されていたハズだ！

しかしながら、これらの反論を会社の調査委員会や裁判所に認めてもらうのは容易ではありません。セクハラだと会社や裁判所に訴えられて、性的な言動の事実があれば、セクハラ認定される可能性が高いのです。

セクハラ訴訟では、一つ目が性的な言動があったかどうか、二つ目は性的な言動があったとしても恋愛関係だった、同意の上だったという恋愛・同意の反論が認められるかが多く問題となります。

一つ目のセクハラ行為があったとすることは原告側に立証責任があり、二つ目の恋愛関係だった同意があったということは、被告側に立証責任があります（恋愛・同意の抗弁）。

ポイント解説

## 立証責任、抗弁、否認

**・立証責任**

立証責任を負っている側がその事実を立証できない場合にはその事実があったとは認められません。つまり、なかったことにされてしまいます。そこで、立証責任を負っている側は、裁判所に自らの主張を認めてもらうために、求める事実（この場合は、セクハラ行為があったこと）を裏づけるような証拠を出していく必要があります。

**・抗弁**

抗弁（こうべん）とは、民事訴訟において、被告が原告の請求を排斥するために、その請求の基礎となる事実と両立しつつもその法律効果を排斥する別の事実を主張することを言います。

セクハラ訴訟の例で言えば、原告から「胸を触られた」という違法なセクハラ行為を指摘されたのに対し、被告は「確かに胸は触った」と認めつつ、「でも、原告の同意があった」と言って、結果として「違法なセクハラ行為ではなかった」として、原告の請求を排斥するように求めるものです。抗弁についての事実は、被告に立証責任があります。

・**否認**

原告が、請求を基礎づける事実について主張した場合に、その事実は「なかった」と否定することを「否認」と言います。

セクハラ訴訟の例で言えば、違法なセクハラを受けたと主張する側が、「被告から胸を触られた」といった事実を言ってきた場合に、被告側で「原告の胸を触った事実はない」と否定する場合が、否認にあたります。

否定するのではなく、「原告の胸を触りました」と認める場合には、「自白」として、民事訴訟上、その事実はあったこととして取り扱われることになります。

被告側から見たセクハラ訴訟の争い方のパターンとしては、以下の二つがほとんどです。

①原告が求める請求原因事実の否認…そもそも原告が指摘するようなセクハラ行為はなかった（例「原告の胸を触っていない」）。

②抗弁…確かに、原告の胸を触ったが、原告の同意があった。だから、違法なセクハラ行為ではない。

従前、①セクハラ行為・性的な言動があったのかは、セクハラ行為が行われた場所の多くは密室のこともあり、証拠がなく、「言った、言わない」「触った、触っていない」となって、なかなか立証が難しかったのですが、最近はメールやLINEで接触の痕跡を残していることも多くなり、比較的立証が容易になりました。

私もセクハラ相談を受けていると、相談者が証拠になりそうなメールを持っていることが最近は多いのです。

それに今は、録音も簡単にできます。ICレコーダーやスマホで高音質かつ相手に気づかれずに録音ができます。ペン型のようにコンパクトなものもあります。

私が、女性から、「上司からセクハラを受けて困っています」と相談を受けた場合には、メールやLINEの保存に加えて、録音による証拠取りをすすめています（もちろん、あえてセクハラ行為を誘発するように仕向けて録音をしても、それはフェアな証拠ではありませんから、証拠として使えません）。

また、セクハラ加害者とのメールのやり取りや録音といった直接的な証拠がなくても、日記や友人などの第三者に相談したメール等も証拠となります。

民事訴訟におけるセクハラ認定においては

a・セクハラがあったと訴える側が、セクハラと主張するような行為があったのか

その行為があったとして、

b・その行為が、人格権を侵害し不法行為責任を発生させるだけの違法なセクハラ行為と評価できるか

の二つの問題があります。

「事実認定」と「法的評価」の問題です。

抱きつく、キスをするといった強制わいせつ行為にあたるような明確なセクハラ行為が認定できる場合には、bの法的評価としても、それはセクハラだと評価しやすくなります。

他方で、交際をしつこく迫る、「胸が大きいね」と言うなどの容姿についての性的に不適切な言動の場合には、両者の関係、執拗さや期間等も考慮して、不法行為責任を発生させるだけのセクハラ行為かどうかが評価されるのです。

まとめますと、以前は立証困難だった①のセクハラ行為の立証は、メールやＬＩＮＥのやり取りで記録が残り、またスマホでも会話の録音ができるようになって、比較的容易にできるようになってきました。それに、メールや録音などの証拠がない場合でも、被害者の具体的供述によってセクハラが認定されることもあるのです。

つまり、「二人だけで、密室のやりとりで、誰にも見られていないから大丈夫」とはならないのです。そこで裁判では、②の「同意があった」かどうかが、主に争点として問題となるようになりました。

ポイント解説

## メールや録音等の証拠がない場合でも被害者供述が証拠となる！

「違法なセクハラ行為があった」は、損害賠償を請求する原告側に立証責任があります。

では、メールや録音といった客観的な証拠がない場合には、「違法なセクハラ行為があった」は、認められないのでしょうか。

確かに、相手が「そのようなセクハラ行為はなかった」と否認してきた場合、客観的な証拠がないと立証は難しくはなりますが、ダメと決まったわけではありません。

原告としては、自らの「セクハラを受けた」という供述を証拠とすることができるのです。その場合には、被告も「セクハラ行為はしていない」と供述してくるでしょう。

そこで、被害者供述、加害者供述のいずれかが信用できるかが、裁判における重要な争点になってくるのです。

裁判所の法廷で、双方弁護士や裁判官の質問に答える形で、原告本人、被告本人が、裁判官の面前でセクハラの事実の有無について、供述をしていきます。裁判官はその双方の供述を聞きながら、例えば「原告の話の方が信用できるので、原告が言うとおりのセクハラ事実はあったな」などと心証をとっていくのです。

どちらの供述が信用できるかについては、
・供述内容と他の客観的証拠との整合性（例えば、メールが証拠として出されている場合に、それと符合しているかどうか）
・供述内容の一貫性
・供述が変遷している場合には、変遷の合理的な理由があるかどうか（話がコロコロ変わると信用されません）
・供述内容それ自体の合理性や具体性
などが検討されます。

## (2) 合意があったという弁解はなかなか認められない

「確かに、身体的接触や性的な発言といった、セクハラにあたり得る行為はあった」ということを前提とした場合のポイントは、前述の「合意があった、恋愛だった」という被告側の反論が認められるかどうかになります。

ＬＩＮＥやメールで、男女として交際しているとしか思われないようなやりとりが残っていれば、「合意があった、恋愛だったという反論」が認められるでしょうが、最近の裁判所の傾向からすると、その反論は、なかなか認められないようです。

セクハラ訴訟で、合意の抗弁に関して、第一審と控訴審で判断が分かれたものがあります。被害者と加害者が二人きりの職場で行われた、密室におけるわいせつ行為（後ろから抱きつく、服の下に手を入れて胸や腰を触るなど）が問題となった事案で、第一審の横浜地方裁判所の判決（１９９５年3月24日）は、被害者が、わいせつ行為を20分間もされ続けておきながら、大声を出したり、外に逃げ出すなどして助けを求めなかったことや、このような行為があった直後にも、被害者が普段と変わらず職場で食事を取っていたことを疑問視して、不法行為の成立を否定しました。

これに対して、控訴審の東京高裁（１９９７年11月20日判決）は、被害者の心理を科学的、合理的に分析をすれば、被害者が必ずしも身体的な抵抗するとは限らないとして、強制わいせつ行為があったとする被害者供述の信用性を認め、加害者に慰謝料２５０万円を支払うよう命じました。

## □セクハラ被害者の心理を理解する

米国における強姦被害者の対処行動に関する研究によれば、抵抗できない心理について次のように述べられています。

「強姦の脅迫を受けまたは強姦される時点において、逃げたり、声を上げることによって強姦を防ごうとする直接的な行動（身体的抵抗）をとる者は被害者のうちの一部であり、身体的または心理的麻痺状態に陥る者、どうすれば安全に逃げられるかまたは加害者をどうやって落ち着かせようかという選択可能な対応方法について考えを巡らす（認識的判断）にとどまる者、その状況から逃れるために加害者と会話を続けようとしたり、加害者の気持ちを変えるための説得をしよう（言語的戦略）とする者があると言われ、逃げたり声を上げたりすることが一般的な対応であるとは限らないと言われていること（中略）特に、職場における性的自由の侵害行為の場合には、職場での上下関係（上司と部下の関係）による抑圧や、同僚との友好関係を保つための抑圧が働き、これが、被害者が必ずしも身体的抵抗という手段を取らない要因として働くことが認められる」

この裁判例のように「セクハラの被害者は、行為を明確に拒絶せず、一見受け容れているかのような言動を取ったとしても、加害者の機嫌を損ねることを避け、自分に不利益などが生じないようにしたいと思って、抵抗をすることなく、加害者の意に沿うような迎合的な行動をとるもの」という考え方が裁判所には浸透してきています。

恋愛の抗弁、合意の抗弁に関する裁判例をもう少しご紹介しましょう。

大学教授が、女性准教授を執拗に食事へ誘ったり、飲酒の席で身体を触ったりした事案について、大学教授は、女性准教授から「今日はいろいろとお気遣いいただいて、ありがとうございました」といったお礼のメールが来ていることから、セクハラ行為ではないと反論しました。しかし、裁判所は「大学教授の機嫌を損ねることを避け、自己に不利益等が生じないようにしたいと思って、本件店舗で最後まで同席したり、同一のルートを通って帰宅し、別れ際に握手を求めたり、謝礼のメールを送信したりしたものと認めるのが相当」と、大学教授の「合意の抗弁」を認めず、セクハラ行為があったと認定しました。

また、次の裁判例は合意の抗弁そのもののケースではないのですが、セクハラ加害者に対して会社が行った懲戒処分の有効性が争われた事案において、最高裁判所が、被害者が拒否の姿勢を示していないことを加害者側に有利な事情とすることはできないと、明確に判断しました。

**最高裁判所2015年2月26日判決：海遊館事件**

大阪市の水族館で、男性管理職の$Y_1$、$Y_2$が、女性派遣社員Xに対して、性的な発言を繰り返したとして、会社から、降格処分等の懲戒処分を受けたことが、重すぎるとして、懲戒処分の無効を争った事案。

二人の性的な発言は以下のとおりです。

**$Y_1$のセクハラ発言**

「夫婦間はもう何年もセックスレスやねん」「でも俺の性欲は年々増すねん」

水族館の女性客について、「今日のお母さんよかったわ……」「かがんで中見えたんラッキー」、「好みの人がいたなあ」など

**$Y_2$のセクハラ発言**

「もうそんな歳になったん。結婚もせんでこんな所で何してんの。親泣くで」

「30歳は、22、23歳の子から見たら、おばさんやで」

セクハラに関する研修を受けた後、「あんなん言ってたら、女の子としゃべられへんよなあ」「あんなん言われるやつは女の子に嫌われているんや」

大阪高等裁判所は、「（Yらが）従業員Xから明白な拒否の姿勢を示されておらず、本件各

行為のような言動も同人から許されていると誤信していた」などとして、これらをYらに有利な事情と考慮し、懲戒処分は重すぎるとしました。

これに対して、最高裁判所は、「職場におけるセクハラ行為については、被害者が内心でこれに著しい不快感や嫌悪感等を抱きながらも、職場の人間関係の悪化等を懸念して、加害者に対する抗議や抵抗ないし会社に対する被害の申告を差し控えたり躊躇《ちゅうちょ》したりすることが少なくないと考えられること」から「そのことをもって被上告人ら（Yら）に有利に斟酌《しんしゃく》することは相当ではない」として、懲戒処分が重すぎることはなく、有効であるとしたのです。

要するに、最高裁判所は、相手が「嫌だ」と言っていないから、大丈夫だろうと信じたとしても、そもそも被害者は「嫌だ」と言えないものだから、性的なことを言ってはダメだよと言っているのです。

**□笑顔は「真の同意」の証ではない！**

また、労災の認定にあたっても、セクハラ事案の心理的負荷の強度を評価するに当たり留意すべき事項として、厚労省は、次のように言っています。

1) セクシュアルハラスメントを受けた者（以下「被害者」という。）は、勤務を継続したいとか、セクシュアルハラスメントを行った者（以下「行為者」という。）からのセクシュアルハラスメントの被害をできるだけ軽くしたいとの心理などから、やむを得ず行為者に迎合するようなメール等を送ることや、行為者の誘いを受け入れることがあるが、これらの事実がセクシュアルハラスメントを受けたことを単純に否定する理由にはならないこと。

2）被害者は、被害を受けてからすぐに相談行動をとらないことがあるが、この事実が心理的負荷が弱いと単純に判断する理由にはならないこと。

3）被害者は、医療機関でもセクシュアルハラスメントを受けたということをすぐに話せないこともあるが、初診時にセクシュアルハラスメントの事実を申し立てていないことが心理的負荷が弱いと単純に判断する理由にはならないこと。

4）行為者が上司であり被害者が部下である場合、行為者が正規職員であり被害者が非正規労働者である場合等、行為者が雇用関係上被害者に対して優越的な立場にある事実は心理的負荷を強める要素となり得ること。

（「心理的負荷による精神障害の認定基準」厚労省2011年12月26日通達）

要するに、セクハラ被害者が、嫌だと言わなかった、誘いを受け入れた、喜んでいたように見えても、真に同意があったわけではなく、セクハラになることがあるということです。

表現と内心に食い違いがあるので、相手の「嫌だ」と言っていないことや笑っていたことをそのまま鵜呑みにしては、ダメだということです。

つまり、セクハラだと指摘されて、「あの時、嫌だと言っていなかったじゃない」「笑っていたじゃない」「僕たち付き合っていたじゃない」といった合意の抗弁、恋愛の抗弁はなかなか認められなくなっているのです。

誘ってみて、「分かりました」とＯＫをしてくれても、実は相手が嫌々ながら、断ることで仕事上不利益を受けることが怖くてＯＫと言ってくれただけのこともあるのです。その場合に、後から相手に「セクハラを受けました。上司には嫌とは言えませんでした」と言われるとセクハラ認定されてしまうのです。

**Q 部下に対し強引に交際を迫るなら問題ですが、合意の上での交際なら何ら問題はないですよね？**

私は会社役員ですが、ある女性部下のことが気に入って、彼女に交際を申し込み、愛人関係になりました。最初は、ちょっと強引に誘って男女関係を持ちましたが、そ

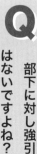

の後も継続して性関係を持っています。彼女から嫌だとは言われたこともありません。合意の上の交際ですから、セクハラになることはないですよね。

**A**

それは、甘い考えです。もし、その女性から、「セクハラを受けた」と訴えられると、セクハラとされる可能性が高いでしょう。

上司と部下の関係のように、優越する地位や力がある場合には、合意があるように見えても、真の合意ではなかった可能性があるのです。

交際中は、「セクハラだ」と言われないでしょうが、関係が破局して、女性社員が、「あれはセクハラだった」と言ってくる可能性も否定できません。

また、不倫関係が奥さんにばれて、奥さんから女性社員に不倫の慰謝料請求をしたときに、女性社員が「自分は上司からセクハラを受けていただけです。自分も被害者です」と弁解することもあるかも知れません。

こんな裁判例があります。

**熊本地方裁判所1997年6月25日判決：熊本バドミントン協会役員事件**

原告Xが被告Yに強姦され、その後も性関係を強要されたと主張し、被告Yに500万円の損害賠償を求めた事案です。裁判所はXの主張を認め、慰謝料300万円の支払いをYに命じました。

### Xの訴えの概要

Yは、バドミントン協会役員・熊本市議会議員で妻子ある身であったが、実業団バドミントン部の選手であったXに酒を飲ませ抵抗を抑圧した上でホテル内で強姦し、これによるXの驚愕と動揺に漬け込み、「結婚したい」「好きだ」「お前には俺が必要だ」などと嘘を言い、また告訴すれば選手生命を奪われるなどの報復を受けるかも知れないとのXの恐怖心を利用し、半年ほどにわたって、Xとの性関係を継続した。

これによって、Xの性的な自己決定権と人間としての尊厳を侵害した上、恋人を失わせ、バトミントン部退部に至り選手生命を奪うとともに、退職にまで追い込んだ。

これに対し、被告のYは、Xからアプローチを受け、合意の上の交際関係で、Xの訴えは、

Xが自分と別れるに至ったことを逆恨みしたものだと主張した。

さらに、Xの供述は、次の点から信用できない、性的関係は合意の上だったと反論した。
①Xが、強姦された被害の日にちを特定できないのは特別な出来事が何もなかったからである（強姦なら覚えているはずだ）。
②Xは、Yから強姦されたと言う頃の後でも、仕事をしたりバドミントンの練習をしたり普通の生活をしていたが、これは強姦の事実がなかったからだ。
③Xは、Yから強姦された後でも、Yとの性関係を継続している。ということは、たとえ当初は強引な性関係であっても、この関係を受け入れ、認めたことになるのではないか。
④XがYから強姦されたことを約2年くらい誰にも話さず、最初に強姦されたとする日から約3年を経て、本件訴えを提起したことは、それは強姦ではなかったからだ。

これに対して、裁判所は、Yのこれらの主張を被害者心理を検討した上でことごとく排斥しました。

**①強姦の日にちを特定できないことについて**

「強姦の被害者は、一般に神経の高ぶった状態が続き（過覚醒）、被害当時の記憶が無意識のうちに生々しく再生され（侵入）、被害を思い出さないように感情が麻痺して現実感を喪失する（解離）外、自分が恥ずかしいと感じ、自分にも落ち度があったのではないかとの思いから自責の念を募らせ、自己評価を低下させる傾向があること、

Xも強姦によるショックが非常に大きいため、被害の事実を否認しようとしても、心因性の健忘により記憶が断片的になっているので、被害の日にちを特定できないと考えられ、このような状態は強姦の被害者として通例であり、特異なものではない」

**②「強姦」後にも普通の生活を送っていることについて**

「またXは、被害の翌日から何事もなかったかのように仕事をしたりバドミントンの練習をしたりして、外見的には前と同様の日常生活を送っていたのであるが、これは、被害の事実と直面するのを避け、ショックを和らげるための防御反応であり、強姦の被害者に共通してみられるものであること」

**③性関係を継続したことについて**

「Xは、Yから結婚したいなどと言われたことにつき、強姦された事実は否定できないとしても、少しでもYがXに愛情があって強姦したのであれば、単なる暴力的な性の捌け口として強姦された場合よりは救いがあると考え、Yの言葉を信じようとし、Yとの性関係を継続したに過ぎないこと」

**④強姦されたことをしばらく誰にも話さなかったことについて**

「性的な被害者は、恥ずかしさに加え、合意の上ではないか、落ち度があったのではないかと疑われることで、かえって自分自身が傷つくかも知れないと怖れ、また自分が被害者であると認めたくないとの思いもあって、警察への届出をためらうことが多く、実際、性的な事件における被害者の警察への届出率は低いこと、Xは、自分の身に起きたことを信じたくないし、認めたくないとの思いが強く、それは恥ずかしいことであり、もし周囲の人に話せば、Xにも落ち度があったのではないかと非難されたり、傷ものとして見られたりするのが怖かったし、Yの社会的地位からみて、Yとの関係を公にすると、選手生命を奪われるかも知れないとの恐怖心があったため、Yとの関係をだれにも口外しなかったこと、

また、Xは、本件訴えを提起する決意をした理由につき、以前は自分が忘れてしまえばそれでよいと思い、必死に忘れようとしたが、いくら時間が経過しても忘れられず、何も解決しないままであったし、裁判を起こす決意をする約2カ月前に原告を精神的に支えてくれる人々と出会い、その人々から強姦されたことは決して恥ずかしいことではないし、Xが悪かったからではないと励まされたからであると説明していること」から、しばらく誰にも言えなかったことや、訴えの提起が3年を経っていても不合理ではないとしました。

こうして、Yと合意の上での交際であったとの主張は認められず、裁判所は、Yの行為は、強姦であり、性関係の継続を強要したものとして、Yの不法行為責任を認めました。

強姦されたという事実を受け入れられなくて、少しでも加害者が自分に「愛情があって強姦したのであれば、単なる暴力的な性の捌け口として強姦された場合よりは救いがある」と考えて、加害者の言葉を信じて性的関係を継続してしまったというのは、とても切ないですね。

力関係の差があると、誘った相手から「嫌だ」と言われなくても、さらに「分かりました」と同意があっても、その同意は、真意によるものではないことが多いのです。後から否定されてしまうあやふやなものであると思っていた方がよいでしょう。

自分が思うよりもはるかに、部下や学生は、「NO」「嫌だ」ということに抵抗があるものです。

ポイント解説

## 大学の研究室はセクハラリスクが高い場所

セクハラが発生しやすい環境があります。
それは権力関係、上下の関係がはっきりしていることに加えて、密室、閉鎖的な職場環境です。

この意味で、大学の研究室は、指導担当教官は、学生を指導評価する立場にあって、上下関係がはっきりしており、かつ閉鎖的な環境ですから、セクハラが発生しやすい場所になります。

大学の研究室以外でも、小さな企業で社長一人に従業員一人という場合や、大企業であってもその部署の人数が少なく、他の部署と独立しているような場合には、同じようにセクハラが発生しやすい環境です。

指導する側としては、自分の力が大きく、相手は嫌だと言えないということを踏まえた上で行動する必要があります。夜二人だけの食事に誘って相手が嫌だと言っていないから同意がある、好意があると思うべきではありません。

そもそも、大学研究室や職場では、指導や業務とは関係のないことを、学生や職員に依頼すべきではありませんし、男女としての交際を持ちかけるべきではないのです。

指導担当教官と指導を受ける学生の関係では、評価や単位を与えるものとして、圧倒的に指導担当教官が強い立場に立ちます。誘っている自分自身は、この立場を利用している意図はなくても、学生側は、「嫌だ」「NO」とはなかなか言えるものではありません。指導担当者の側において、公私の区別をしっかりつけて、相手が「嫌だな」と思うことをよく想像して、行動することが一層求められるのです。

また、指導をしていた学生から、好意を持たれて交際を申し込まれたとしても、男女として交際すべきではありません。

現時点ではセクハラにならなくても、関係が破綻した後に、学生から「セクハラだった。断れなかった」と言われる可能性がありますし、自分が既婚者であれば不倫となります。余計な感情が入ることにより、指導担当教官として、適正な指導や評価ができなくなるおそれもあります。

### □教官と学生という立場上の境界線

セクハラの例ではありませんが、以前、司法試験考査委員であった大学教授が、指導していた女子学生と男女として交際をし、その女子学生かわいさから、司法試験の問題をその女子学生に教えてしまったという事件がありました。その大学教授は、漏洩が発覚したことにより、司法試験考査委員や大学教授の職を解かれたのはもちろんのこと、刑事責任も問われました。この大学教授は、憲法学の分野で、すばらしい実績を残していた高名な教授でしたが、学生と交際に及んでしまったがゆえに、その地位や信頼を一気に失ったのです。

そもそも、大学教員にとって、学生は授業料を支払って、学びにきている「お客さま」です。指導をして育成する責務を担っています。そのお客さまに手を出してはいけないのです。

教官と学生という立場上の境界線をきっちり引いておいて、自分がその境界線を乗り越えないようにするのはもちろんのこと、学生がその境界線を乗り越えないように、「指導」することも教官の役割です。

**【まとめ】セクハラの怖いところ**

・ダメージが大きいのが怖い（相手を深く傷つけ、そして自分の人生を狂わせる）

・様々なダメージ（損害賠償責任、刑事罰、懲戒処分、社会的制裁）を受けるのが怖い

・ダメージを受けるのが、自分だけではないところが怖い（会社に、家族に迷惑がかかる）
・悪気なく無意識にやってしまうのが怖い
・相手の主観に左右されるところが怖い
・さらにその主観も変化するところが怖い
・本能に根っこがあるところが怖い
・「恋愛」と絡んでしまうところが怖い
・男性と女性とで、上司と部下とで認識のズレがあるところが怖い
・「恋愛関係だった」「合意の上だった」という弁解はなかなか認められないことが怖い
・合意があると思っても、実は合意がなかったことがあるところが怖い
・部下との交際は、交際が破局すると「セクハラだ」と言われる可能性があるところが怖い

本当にセクハラは、怖いものです。

# 第3章

# セクハラ加害者にならないために

セクハラは本当に怖いものです。

では、セクハラ加害者にならないために、どのようなことに注意すればよいのでしょうか。

本章では、その具体的なポイントをお伝えします。

## (1)「あからさまセクハラ」を知って、絶対にしないようにする

自らが持つ権力を背景にして、性的欲望を満足させる行為、例えば部下の女性に対して「仕事上で便宜を図るから、俺の愛人になれ」というような言動は、誰が見てもセクハラ、「あからさまセクハラ」です。権力で、町娘をわがものにしようとする「時代劇の悪代官」です。

しかし、元財務事務次官のように、はたから見れば、明らかにセクハラ行為、女性記者に対して「胸を触らせて」というものでさえ、やってしまう男性は、後を絶ちません。これは、自らの持つ権力を背景にして、性的欲望を満足させようとする最低の行為なのですが、その自覚はないことが多いことでしょう。

地位が上がり、権限が強く大きくなると、誰もが自分の言いなりになるように思えて、相手が「嫌だな」と感じることが見えにくくなってくるのです。また、偉い自分なら何をしても許されるという驕りがあるのかも知れません。

「あからさまセクハラ」の場合には、自らの欲望を満足するためにした行為が、どれほど相手を深く傷つけているのか、また自らのセクハラ行為の報いが自分に跳ね返ってくることを認識して、しっかり欲望を理性で制御することが必要です。

「あからさまセクハラ」は、相手の人格を傷つける程度も重く、悪質な人権侵害行為ですから、相手に与えるダメージも大きくなる傾向があります。相手のメンタルを破壊し、うつ病等にり患させ、最悪、相手を自殺に追い込んでしまうかも知れません。相手はもちろんのこと、相手の家族もまたセクハラによって、その人生を狂わせることになるのです。

そして、「あからさまセクハラ」をした場合には、自分自身にも深刻なダメージを発生させます。「あからさまセクハラ」が公になった場合、それは誰が見てもセクハラで悪質なものなので、セクハラ認定は容易にされ、法的な制裁はもちろんのこと、社会的な制裁も厳しいものとなることでしょう。そして地位が高い人ほど、著名人であるほど、社会的制裁のダメージは大きくなります。

これまで仕事をがんばって、会社のトップや役職につくことができたのに、セクハラによって、人生が狂ったということもあるのです。「ばれないだろう、相手は誰にも言わないだろう」と思っていても、悪行はいつかばれるものです。

こうした、あからさまセクハラの深刻なダメージを、胸に刻み付けて、一時の欲望に負けて「時代劇の悪代官」にならないように、自分の人生をダメにしてしまわないように、欲望をコントロールする必要があります。

「あからさまセクハラ」は、人権侵害行為であることを認識して、絶対にやらないようにしましょう。

## (2) グレーゾーンのセクハラを知って、しないようにする

「あからさまセクハラ」は、良識のある人なら避けることができます。しかし、セクハラの怖さは、自分としてはセクハラとは全く思わず、結果として、実はセクハラになってしまっていたということでした。

これは、知識として、「こういう場合もセクハラになり得る」として知っておくことで、セクハラ加害者になることを防止できます。

いわゆるアウトかセーフか微妙なところもありますが、場合によってはアウトとなり得る「グレーゾーン」について知っておいて、注意をするということが予防策になります。

そこで、グレーゾーンのセクハラについてお話しましょう。

「どのような行為や発言をしたらセクハラとしてアウトで、どこまでならセーフなのか？」という点が気になりますよね。

ここでまずお伝えしておきたいことは、「セクハラ認定」と言っても、問われている責任が何かによって認定レベルが違うということです。

これまで、お話してきたように、セクハラをしてしまいますと「刑事責任」、「民事上の損害賠償責任」「社内の懲戒処分」といった責任を問われる可能性が出てきますが、それぞれの責任や処分には、責任の目的に応じて「要件」が定められていますから、その「要件」に当てはまるかどうかも、個別に判断されていきます。

刑事責任については、例えば、「強制わいせつ罪」にあたるのかは、強制わいせつ罪が要件として求めている暴行や脅迫行為があったのか、わいせつな行為があったのかが検討されます。

民事上の損害賠償責任は、そのセクハラ行為とされた行為が、単に相手が「嫌だな」と思うレベルではなく、相手の人格権を侵害する程度の違法行為にあたるのかが、検討されます。

会社の懲戒処分については、軽くは戒告から重くは懲戒解雇までありますが、その懲戒処分をするに足りるセクハラ行為があったのかが、調査、検討されていくのです。

また、自分自身が責任を問われる訳ではありませんが、被害者側からすると労災が認定される程度のセクハラだったのか、心理的なダメージが発生していたのか「労災認定」について、検討される場面もあります。セクハラとあわせてパワハラの労災認定レベルについて説明しましょう。

## □労災が認定されるセクハラ、パワハラとは？

労災認定については、加害者への制裁という意味合いはなく、心理的ダメージから精神障害を負った被害者の救済、すなわち労災給付に値するかという視点から判断されます。ハラスメントの心理的負荷によって、心理的なダメージがどれだけ発生したかを考慮しています。

心理的負荷による精神障害の認定要件のポイントは、以下の三つです。

①対象となる精神障害を発症していること
②対象となる精神障害発症前のおおむね6カ月の間に、業務による強い心理的負荷が認められること
③業務以外の心理的負荷や個体側要因により対象となる精神障害を発症したとは認められないこと

### 1・セクハラのレベル

セクハラにはあたるものの、労災認定の前提となる心理的負荷の強度「強」にはあたらない場合を、「弱」または「中」と評価します。具体的には以下のとおりです。

**心理的負荷「弱」の例**

・「○○ちゃん」等のセクハラに当たる発言をされた場合
・職場内に水着姿の女性のポスター等を掲示された場合

**心理的負荷「中」の例**

・胸や腰等への身体的接触を含むセクハラであっても、行為が継続しておらず、会社が適切かつ迅速に対応し発病前に解決した場合
・身体接触のない性的な発言のみのセクハラであって、発言が継続していない場合

この「弱」「中」のセクハラは、セクハラ行為であることは間違いがなく、社内では指導の対象となるものですが、かかるセクハラ行為のみでは労災認定まではいかないものです。

**心理的負荷「強」の例**

・胸や腰等への身体的接触を含むセクシュアルハラスメントであって、継続して行われた場合
・身体的接触のない性的な発言のみのセクシュアルハラスメントであって、発言の中に人

格を否定するようなものも含み、かつ継続してなされた場合

かかる強度のセクハラ行為があり、精神障害を発症した場合には、労災認定される可能性が高くなります。また、強姦や本人の意志を抑圧して行われたわいせつ行為などは、心理的負荷が極度のものとして、これによって精神障害を発症した場合には、ほぼ間違いなく労災認定がされることでしょう。

**2・パワハラのレベル**

部下に対する上司の言動が業務指導の範囲を逸脱し、または同僚等による多人数が結託しての言動が、「ひどい嫌がらせ、いじめ、または暴行」の程度に至る場合を「強」と評価します。

一方、「ひどい嫌がらせ、いじめ、または暴行」の程度に至らない場合について、その内容、程度、経過と業務指導からの逸脱の程度により「弱」または「中」と評価します。

**心理的負荷「強」の例**

・部下に対する上司の言動が、業務指導の範囲を逸脱しており、その中に人格や人間性を否定するような言動が含まれ、かつ、これが執拗に行われた

・同僚等による多人数が結託しての人格や人間性を否定するような言動が執拗に行われた

・治療を要する程度の暴行を受けた

**心理的負荷「中」の例**

・上司の叱責の過程で業務指導の範囲を逸脱した発言があったが、これが継続していない

「中」の例のような場合には、パワハラとはなり得るものの、労災認定レベルのパワハラ行為とはならないのです。

## □それぞれの認定レベルを理解する

以上のとおり、それぞれの認定レベルがあるのです。ですから、ある責任が認められるからと言って、他の責任が当然発生するというわけではありません。

例えば、社内の調査で、セクハラ行為を行ったとして、会社から「戒告」の懲戒処分を受けたとしても、民事上の損害賠償責任まで発生するとは限りません（もちろん、賠償責任が発生することもあります）。

仮に、民事上の損害賠償責任が認められた場合であっても、懲戒処分として一番重い「懲戒解雇」は、処分が重過ぎではないかといって、認められないケースもあります。

実際にも、セクハラ行為に対して「懲戒解雇」という処分が重すぎるとして、懲戒を受けた従業員が、「懲戒解雇の無効確認の訴え」を出すこともよくあります。

このような、法的責任や懲戒処分相当にまでのセクハラ行為は、一般的に一定のレベルを超えた悪質なものと言えます。

例えば、水着の女性のポスターを職場に貼ることや不必要に身体に触る行為は、典型的なセクハラ行為ではありますが、それだけで、すぐに「違法なセクハラ行為」として、民事上の損害賠償責任を問われることはないでしょう。

しかし、法的責任レベルではなくても、相手を嫌な気持ちにさせ、職場環境を悪くするセクハラ行為も「やってはいけないセクハラ行為」であることには、変わりはありません。

このように法的責任を問われなくても、「セクハラ行為」として、やってはいけないレベルの行為もあるのです。そしてそのレベルは、法的責任レベルのものに比べて、軽く見られがちですから、ついやってしまいがち、無意識にやってしまいがちなセクハラ行為でもあります。しかし、そのような軽く見られがちなセクハラ行為も、期間や回数、注意をしたのに改善がされないという蓄積があると、法的な責任レベル、懲戒レベルのセクハラ行為に「格上げ」されます。

行為者としては、法的な責任が問われないレベルなら大丈夫だろうと「法的な責任レベル」に基準をおくのではなく、「相手が嫌だと感じる可能性や職場環境を悪くする可能性がある」セクハラ行為をしないように、厳しめにレベルを設定する必要があります。

「これくらいは大丈夫」と放置してセクハラ行為を続ければ、法的責任レベルになることもありますし、そうならなくても、相手を傷つけていることや職場環境を悪化させること自体が「やってはいけないこと」だからです。

このレベルのセクハラ行為をしないためには、以下の三つが大切です。

①多くの人がセクハラだと感じる行為について、知識として知っておいて、しないこと
②相手との関係や相手の性格によっては、嫌だなと感じる可能性がある行為を、知識として知っておいてしないこと
③相手は「嫌だ」と思っても「嫌だ」と言えないこと（同意したように見えて、嫌々ながら同意している場合もあること）を知って、相手の感情を相手の立場で考えるようにすること

法的な責任レベルや懲戒処分レベルのセクハラ判断においては、本人が「嫌だ」と思うから責任ありとされるわけではなく、「社会通念上一般的な女性（男性）」から見て嫌だと感じるだろうという客観性が求められますが、「やってはいけないセクハラ行為」かどうかの基準としては、相手が「嫌だと思えばセクハラになる」のです。

## (3) アウト・グレーゾーン・セーフの三つの分類を理解する

次に、アウト、グレーゾーン、セーフの三つに分類して見ていきましょう。上司や指導する立場の方は、「まあ、これくらい大丈夫だろう」と楽観的に捉えるのではなく、「これは大丈夫かな？ 相手に嫌な思いをさせないかな？」とやや悲観的に考えておくくらいで丁度いいと思います。

○アウト：相手に嫌な気持ちにさせる可能性が高いもの
○グレーゾーン：相手との関係や相手の性格から、相手が嫌な気持ちになる可能性があるもの
○セーフ：相手が嫌な気持ちになる可能性がほぼないもの

**身体的接触の分類**

不必要な身体的接触は、基本的にアウトです。
○アウト：性器、胸、尻、もも、顔、髪
○グレーゾーン（相手との関係や相手の性格によるもの）：手、肩、背中
グレーゾーンのありがちな行為としては、コミュニケーションのつもりで、肩を軽くポン

と叩く、疲れただろうと肩を揉む、などです。自分に下心はなくても、相手が「嫌だな」と思う可能性の高い行為です。

**間接的接触**

不必要な間接的接触も、基本的にアウトです。

○アウト

・相手のスマホ等の私物を触る

・相手が使用しているマグカップを使う

○グレーゾーン

・相手の電話機で電話をかける

・相手のパソコンのキーボードやマウスを使う

接触までいかなくても、近づかれるのも「嫌だな」と思われる可能性があります。

**□パーソナルスペースを意識する**

「パーソナルスペース」という言葉を聞いたことがありますか。空いた電車で、座席の一番端に座っていたら、他の座席もガラガラなのに、見知らぬ人が隣に座ってきたら、「何で

図表　パーソナルスペースの４つのゾーンのイメージ

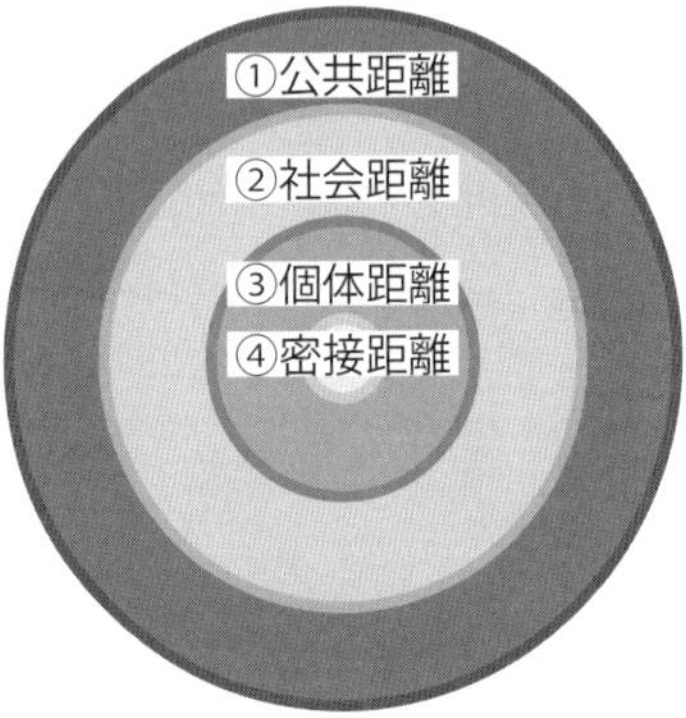


空いているのにわざわざ私の隣に座るんだよ」と、嫌な気持ちになりますよね。満員電車の通勤がストレスになるのは、人との距離が近すぎるからです。

人には、それぞれ人に近づいて来られると不快に感じる空間、心理的な縄張りの空間があります。これをパーソナルスペースと言います。

このパーソナルスペースは、家族や恋人といった親密な相手ほどパーソナルスペースは狭く（つまり、接近しても不快に感じない）、逆に、見知らぬ相手や苦手な相手については、広くなります。

仲のよい恋人であれば、ハグしたりキスといった身体接触（つまり距離ゼロ）でもＯＫであるのに対し、苦手な上司であれば、近づいてこられると「嫌だな」と不快に感じてしまうものです。

アメリカの文化人類学者であるエドワード・Ｔ・ホールは、パーソナルスペースを４つのゾーンに分類しました。

**①公共距離：3・5m以上**

個人的関係が希薄な人々との間で成立する空間です。例えば、講演会や公式な場で、話す側と聞く側に必要とされる距離です。

**②社会距離：1・2～3・5m**

仕事で上司と接するときや取引先の相手と商談するときにとられる空間です。声は届きますが、手を伸ばしても相手に触れることができない距離です。

**③個体距離：45cm～1・2m**

友人や仲のよい会社の同僚などの親しい人との間で維持できる空間です。カフェでテーブル越しに話すくらいの距離で、手を伸ばせば触れる距離です。

**④密接距離：0cm～45cm**

恋人や家族など、親密な関係にしか維持できない空間です。手を伸ばさなくても触れあう距離です。

会社の上司と部下という仕事上の関係であれば、社会距離（1・2m以上）を維持する必要があります。

上司から、部下に対して、近づいて個体距離に入ってしまえば、部下は「嫌だな」と感じる可能性がありますし、さらに恋人や家族にしか許されない密接距離にまで近づくと「セクハラ」と思われる可能性が極めて高くなるのです。

このパーソナルスペースは、人それぞれのところもあり、狭い人もいれば、広い人もいます。自分の基準で、自分が不快に思わないから大丈夫と思って、近づいてしまうと、相手にとっては近づき過ぎで、「嫌だな」と思われているかも知れません。

そこで、大事なのは、人それぞれパーソナルスペースを持っていて、自分のパーソナルスペースとは違うということを知ること、そして相手の持っているパーソナルスペースを尊重しながら、適切な距離を保ちつつ、コミュニケーションを取っていくことです。

職場の部下や同僚であれば、社会距離（1・2m以上）を保ちながら、相手との関係をふまえて、適切な距離をとっていきます。

一般論として言えば、部下は上司との距離がある程度あった方が安心する傾向にあり、また女性は、男性に対して、パーソナルスペースが広い傾向があると考えておいた方が無難でしょう。

そこで、もし距離感が分からない場合には、自分としては、やや遠いかなと思うくらいがいいのではないでしょうか。

それに、近い距離ですと、自分の口臭、体臭、香水臭が、相手に「嫌だな」と思われる可能性もあります。自分の臭いは自分自身ではわからないことも多いですし、相手も「臭いです」とは言わないものなので、臭いで相手に「嫌だな」と思われない観点からも、1ｍ以上の距離をとっておいた方が無難でしょう。

## Q ポンと軽く肩を叩くのもセクハラですか？

私は課長ですが、課内の社員とのコミュニケーションを取るために、男女問わずに、部下の肩を軽く叩いていました。

例えば、何か仕事をふったときに「がんばってくれ」、成果を出した社員に「よくやった」と言葉と一緒に、軽く肩をポンと叩くのです。これまで社員から「嫌だ」と言われたこともありません。

私はいいことだと思って、これまでやってきたのですが、これもセクハラになるのですか？

**A**

部下をコミュニケーションを取るために、努力されているのですね。そのお気持ちはすばらしいと思いますし、おそらく多くの社員からは、喜ばれていることだろうと思います。とは言え、社員の中にも、いろいろな性格や考え方の人もいるでしょうから、もしかすると中には、触られるのは「嫌だな」と内心で思っている社員もいるかも知れません。

「嫌だ」と言わず、表面上は笑っていたとしても、内心では「触られるのは嫌だな」「やめて欲しいな」と思っている可能性もあります。

もちろん、法律上の責任や懲戒処分の対象になるような行為ではありませんが、身体的接触については、相手が女性の場合は特に「嫌だな」と思う可能性がありますので、控えた方がよいでしょう。

肩を叩かなくても「よくがんばってくれた」という労いの言葉だけでも十分気持ちは伝わると思いますよ。

**Q**

**酔った女性社員を親切に介抱するのもセクハラになるの？**

うちの課内のB子さんは、宴席でお酒を飲み過ぎて酔っ払い、足もとがふらついていました。これは危ないと思って、彼女の腕を私の肩に回して、タクシーに乗せましたが、これもセクハラになるのでしょうか？

また、一緒にタクシーに乗って、自宅まで送り届けるのはセクハラになりますか？

私には、下心なんてなく彼女のことを考えてやっていることですから、大丈夫ですよね。

A

B子さんとの関係性や性格によっては、大丈夫でしょうが、後からB子さんから「セクハラ」と言われかねない行為ですから、基本的には、やめておいた方がいいでしょう。

介抱しているときは、酔っているB子さんは「嫌だ」と言わなくても、酔いがさめて後から「課長に触られて嫌だった。セクハラだ」と言われる可能性もあるのです。

会社の宴席では、自分で歩けなくなるまで、B子さんにお酒を飲ませないようにすることが第一です。もしB子さんが酔いつぶれてしまったときは、女性社員の手を借りて、複数人で介抱をしてあげてください。

**言葉によるセクハラ**

容姿や年齢、身体的特徴について話題にするのは、基本的にアウトです。

○アウト

・太っているね、やせているね

・胸が大きいね、小さいね

・お尻が大きいね、小さいね

・背が高いね、低いね

・色っぽいね

・何歳?

・もうおばさんだね

プライベートについての質問も「嫌だ」と思われる可能性が高く、基本的にアウトです。

・今日、機嫌がいいね、彼氏とエッチしたの?

・勝負下着の色は何色?

・今、生理中?

・イライラしていて、更年期障害?

○グレーゾーン（アウトに近いもの。嫌だと思われる可能性高い）

・彼氏いるの？
・彼氏とどんなデートをしているの？
○場合によってはアウト
・好みの男性（女性）のタイプは？
・休日は、何しているの？
・血液型は何型？
・髪を切ったんだね
○おそらくセーフ（しかし、嫌だと思う人がいないとは言えない）
・趣味は何？
・好きな食べ物は何？
・何か運動をしているの（していましたか）？
○その他のアウト
他の人との比較は、基本的にアウトです。
・A子さんは、気が利くのに、君は気が利かないね
・B社は、若くてきれいな女性社員がいていいいな
性別役割分担意識に基づく発言や女性を、男性より下の地位にある、男性の補助者として

見るような発言はアウトです。
・女のくせに、偉そうだな
・女性には、しとやかであって欲しい
・女なのに、机の上が汚いな
・女性だから、お茶くみね
・女性だから、受付ね
・うちの女の子に取りに行かせます
・だから女は使えない
・女には、この仕事は任せられないな
・女はちょっときついことを言うとすぐに泣くから面倒だ
・女性は、スカートの方がいいな。
・怒っちゃって、そんな顔したら美人が台なしだよ
・「○○ちゃん」と呼ぶ
・「女」「女の子」「おばさん」「ばばあ」という表現
（宴席で）
・料理の取り分けは、女性の仕事だよ

・女性にお酌してもらったお酒はおいしい

褒め言葉のようですが、女性を下に見ている意識から出る発言はセクハラです。

以下のような、「女性なのに…」も基本的にアウトです。

・女性なのに、仕事ができますね

・女性なのに部長ですか。すごいですね

・女性なのに酒豪ですね

以上のように、言葉の中に「女、女性」が入ると、基本的にアウトだと思っておいた方がよいでしょう。

また、たとえ褒めていてもセクハラになるケースもあります。具体的には、性的な対象として見ているということが背景にある発言は、褒めても相手を「嫌だな」と思わせる可能性があります。

○アウト

・胸が大きくていいね

・お尻の形がいいね

・色っぽくていいね

・足がきれいだね

・そそられるいい匂いがするね
・スタイルいいね
○グレーゾーン（相手との関係や相手の性格から、相手が嫌な気持ちになる可能性があるもの）
・肌がきれいでいいね
・髪がきれいでいいね
・手がきれいでいいね
・今日の服、似合っているね
・美人だね
・かわいいね
・きれいだね
○おそらくセーフ
・素敵だね
・かっこいいね
・クールだね

## えっ⁉これもセクハラなの？よくある誤解Q&A

**Q　褒めているのだから、セクハラではないでしょう？**

課長である私は、課内の社員に気持ちよく働いてもらうために、何か褒めるべき点があると、褒めるようにしています。例えば、髪を切ってきた女性社員にむかって「あれ、髪切ったの？よく似合っているよ。かわいいね」と褒めるのです。相手に喜んでもらおうと褒めているのだから、当然、セクハラにはあたらないですよね。

**A**

いえいえ、褒めているからと言って、セクハラにはあたらないと言い切れません。褒めた内容や、相手との関係、相手の性格によってはセクハラになるのです。身体的特徴については、褒めているつもりであっても、相手は「嫌だな」と思うことも多いものです。例えば、「胸が大きいね」というのは、まずアウトです。「太ったね」がアウトだということは感覚的に分かるところですが、「やせたね」も微妙です。「今、ダイエットをしているんです」と自ら周囲に言っているような場合であれば、その人に向かって「やせたね」と言うのは喜ばれるかも知れませんが、身体的特徴を話題にするのは基本的にアウトだと思っておいた方が無難です。

「髪を切ったね」と言われるのは、おそらく多くの女性は、不快に思うことはないかも知れませんが（奥さんや恋人に対しては、逆に変化に気がつかずに言わないと、機嫌を悪くされてしまうかもしれませんが）、それでも、中には「嫌だな」と思う人がいる可能性も否定できません。

さらに「髪を切ったね」という事実の指摘のほかに、「似合っている。かわいいね」という主観的な評価が入る「褒め言葉」は、相手によっては喜んでもらえる場合もある反面、「そんなところを見ていて嫌だな」と思われる可能性も高い発言です。

褒めているから大丈夫だと思わずに、相手との関係や相手の性格もふまえて、慎重に発言をした方がよいでしょう。

褒めるということは、相手を認めることであり、一般的に言えば、よいことではありますが、職場は仕事をする場所ですから、仕事上の成果やがんばりについて褒めてください。容姿や身体的特徴について褒めるのは、奥さんや交際相手、友人だけにしておきましょう。

Q

**相手も笑っているから大丈夫でしょう?**

私は、部下には積極的に声をかけてコミュニケーションを取る必要があると考えています。B子さんに対しては、褒めるつもりで「B子さん、グラマーでセクシーだね!」と時々言っていました。

B子さんは「部長、それってセクハラですよ!」と言いつつも、笑いながら、むしろ褒められて喜んでいるようです。相手が嫌がっていたらセクハラですが、笑って喜んでいるからセクハラじゃないですよね。

A

いいえ。それはセクハラにあたる可能性大です。相手がその場では笑っていたとしても、身体的な特徴について触れることは、基本アウトです。

相手が笑って喜んでいるように見えても、内心では嫌だなと思っていることも多いものです。そして、上司に対しては、内心嫌だなと思っていても上司との関係が気まずくなることを怖れて、「嫌だ」と言えずに、顔で笑ってしまうこともよくあることです。

こんな裁判例があります。

**2016年1月19日東京地方裁判所判決**

**「貧乳」発言の違法性**

(1)被告の原告に対する言動は、「貧乳」との原告の身体的特徴について揶揄するような発言を繰り返したほか、原告の頭、背中、尻を触ったというものであり、これらが原告の意に反する性的な言動として、それ自体で不法行為に該当することは明らかというべきである。

なお、被告は、原告も「貧乳」との発言はしていた、飲み会の場での笑い話として原告と被告との間で定番のやり取りとなっており、原告もセクシュアルハラスメントと受け止めてはいなかったなどと主張するが、被告本人も認めるように「貧乳」との発言を最初にしたのは被告であることや、被告が酒の席以外でも「貧乳」との発言をしたことがあることからして採用しがたい。

また、被告は、被告自身は「貧乳」という言葉を肯定的な意味で述べていたとも主張するが、他方では、上記のように「笑い話」としていたというのであるからこの点も採用しがたく、被告の「貧乳」との発言は原告に対して性的な不快感を与えるものであったと認めるのが相当である。

(2)そのほか、被告は原告に対して、前記1のような状況のもとで、繰り返し食事に誘ったり、被告の妻の留守中に自宅に来るように誘ったりし、あるいは、必ずしも明確とは言えない理由で原告を強く非難したり、原告の雇用について原告を不安にさせる発言をしたり、原告への指導の際に肩を叩くなどしているのであって、このような、被告の原告に対する言動は、前記1と一体として評価すれば、全体として、原告に対して不当に干渉し、畏怖ないし困惑させるものであったといえ、原告に対する不法行為に該当するものというべきである。

こうして裁判所は、被告の不法行為を認め、被告に対し慰謝料90万円を原告に支払うように命じました。

**Q　些細なことでいちいち目くじら立てて「セクハラだ」という人の考え方こそが、問題だと思うのですが？**

私は、課内の宴席で、褒めるつもりで「最近きれいになったね。彼氏ができたの？」と同僚の女性社員に尋ねました。するとその社員から「それはセクハラですよ」と言われました。

身体を触ったわけでもないですし、性的なことを言ったわけでもありません。これくらいのことで、いちいち「セクハラだ」と言われたら、女性社員と雑談もできません。これくらいのことで「セクハラだ」と思う彼女の感受性や考え方にこそ問題があると思うのですが。

# A

なるほど、お気持ちは分かりますが、相手が「嫌だな」と思っている限り、「嫌だと感じさせる行為」として、やってはいけない行為にあたります。セクハラ認定においては、自分がどういうつもりで言ったのかではなく、相手がどう思うか、「嫌だな」と思うかが、重視されます。

ここで、相手の方が間違っていると、「そんなことでいちいちセクハラと言うな」等と相手を非難したり、相手の気持ちを無視して、嫌だと言われた行動を継続してはいけません。より深刻なセクハラ行為となって、相手との関係が悪くなりますし、法的責任レベルや懲戒レベルのセクハラとなる可能性もあるからです。

相手が「嫌だな」と思う気持ちを受け止めて、「すまなかった。これからは気をつけるよ」と謝罪し、これからはやらないように気をつければ、気まずい関係になることもないはずですし、大きな問題にはならないでしょう。

# Q 露出度の高い服装を注意して何が悪いのでしょう？

うちの課内で、女性社員のKさんが胸元が開いた露出度の高い服装をしてきたので、「その服装は胸がよく見えて困るなあ」と注意をしたら、「セクハラです！」と言われてしまいました。

会社にこんな露出度の高い服装を着てくるKさんの方が問題でしょう。それに、服装を注意するのは上司の役割だと思うのですが、なんでセクハラなんですか！

# A

まあまあ、落ち着いてください。確かに、露出度が高い服装を会社に着て来られると、困ってしまいますよね。

もちろん会社の職場環境を維持するために、部下に対して注意や指導をする必要はありますが、モノの言い方によっては、セクハラになります。

「胸がよく見える」という表現は、相手からすると性的対象として受け止められ、相手に「嫌だな」と感じさせる表現ですから、「セクハラ」といわれても仕方がありません。

注意するとすれば「その服装は、肌の露出度が高くこの職場にはふさわしくないので、職場では控えてくれないか」などと言えばいいでしょう。

なお、職場での服装は、会社の環境を考慮する必要がありますが、終業後の私服については、基本的に本人の自由に委ねるべきです。

**Q 部下の幸せを願ってお見合いを勧めたことが、なんでセクハラなんですか？**

私は、女性の幸せは、よい伴侶と出会って温かな家庭を築くことにあると思っています。

うちの課にC美さんという32歳独身の部下がいるのですが、素直でとてもいい子なので、彼女には幸せになってもらいたいと思っています。

そこで、C美さんに「私の知り合いにいい青年がいるのだけれど、今度会ってみない」とお見合いを勧めました。彼女からは、「私はまだ結婚を考えていませんから」と断られました。それでも私は、「まあ、とにかく一度会ってみて」と何度かお見合いをすすめていたのですが、それを見ていた別の女性社員から「課長、それって、セクハラですよ」と注意されました。私は、C美さんの幸せを願ってしたことなのに、これもセクハラになってしまうのですか？

**A**

C美さんの幸せを願うお気持ちはすばらしいと思います。仮に、C美さんから「誰かいい人を紹介してくれませんか」と頼まれたときやC美さんが、現在婚活中であることを周囲に言っていたとき等のように「よい相手と巡り会って結婚したい」と思っている場合には、「お見合い相手を紹介する」と声をかけることは、セクハラにはあたりませんし、むしろC美さんから喜ばれることでしょう。

しかし、そのような事情がない場合には、お見合いを何回も勧めることは、C美さんが「嫌だな」と思う可能性があり、セクハラになる可能性があります。C美さんとしては、独身のままがいいとか、結婚するにしてもまだ早いとか、出会うにしても上司の紹介ではなく自分で探したいなどと思っているかも知れません。

昔は、親戚のおせっかいなおばさんが、独身でいることを心配して、「あなたもいい年なんだから、そろそろ結婚を考えてみたら。とにかく一度会ってみて！」と写真を見せて、お見合いを勧めてくれることもよくあり、実際にそれがきっかけで結婚した方も多かったことでしょう。

しかし、このご時世、様々なライフスタイルや考え方があり、結婚するかしないか、結婚して子どもをもうけるかもうけないかも人それぞれです。一生独身でいることも、普通になってきました。

自分として「よい相手と結婚をすることが幸せだ」と思っていたとしても、その考え方を他の人に押しつけると相手は「嫌だな」と感じることもあります。相手がどのようなライフスタイルを選択するのかも含めて、相手の気持ちを尊重するようにしましょう。

Q

**彼女が神経質、自意識過剰なだけでは?**

私が所属する課内には、五人の女性部下がいます。それぞれ髪型や服装について、いいなと思うと「きれいだね」「かわいいね」と言って褒めています。E子さん以外の女性部下は、素直に喜んでくれているのですが、ある日E子さんから、「そのようなことを言われるのは嫌なんです」と言われました。ほとんどの女性部下がいいと言っているのだから、E子さんが神経質なだけで、E子さんの感じ方に問題があると思います。それでもセクハラですか?

A

E子さんが「嫌だな」と感じて、「嫌だ」と言った以上は、その受け止め方を尊重してください。

「嫌だな」と感じるかどうかは、その人との関係性やその人の性格にもよりますが、セクハラになるかは、言われた相手がどう感じるかが基準で、他の女性部下がＯＫであっても、その人が「嫌だな」と思えば、セクハラになります。

ここで、「他の人はみんないいと言っているのに」「あなたの受け止め方がおかしい」「君が神経質なだけじゃないの」などとは、間違っても言ってはいけません。その言葉自体がセクハラになります。

もちろん、民事上の損害賠償責任が発生するか否かのレベルになりますと、平均的な女性が精神的苦痛を感じる程度の言動があったかといった客観的な視点で、違法なセクハラ行為があったかを審査されますが、「言ってはいけないセクハラ」のレベルでは、相手の主観が基準となります。

そして、「きれいだね」「かわいいね」と言うことは、業務とは全く関係がないことですから、相手が喜んでいたとしても、そう見えているだけで、内心では「嫌だな」と思っているかも知れませんから、職場では言わない方がよいでしょう。

**【まとめ】無意識セクハラを避けるポイント**

意識的にセクハラをしようとする人は、ほとんどいないと思います。怖いのは、無意識にやってしまうこと。悪いと思っていないから、歯止めがきかずに、セクハラを続けてしまいます。

それを避けるために、どうすればよいのでしょうか？

それは、何がセクハラになり得るのかを知識として知っておくことです。そして、以下の五つの点について押さえておきましょう。

①距離を取る（物理的にも心理的にも）

身体的接触は原則NG。パーソナルスペースを意識する。コミュニケーションのつもりで、肩を軽く叩くのも、セクハラとなる可能性がある。

②自分の意図より相手の感じ方が基準となることを理解する

③身体的特徴を褒めることも含めて話題にしない

「やせたね」「きれいだね」と言われて喜ぶ女性もいる反面、「嫌だな」と感じる女性もいる。褒めるのであれば、そこは職場であるから、仕事ぶりや成果を褒める。

④あの人はOKだったとしても別の人はNGだということもあることを理解する

⑤部下は嫌でも嫌だとは言えないということを理解する

## (4) 恋愛妄想型セクハラに注意する

自分では恋愛だと思っていて、全くセクハラをしている意識がないところ、部下にとってはセクハラになっていたということがあります。

相手の同意のある交際、同意のある性的交渉であったとしても、力関係があると、その「同意」は、相手から「嫌でした」「上司なので断れませんでした」と言われると、その同意は「怪しいもの」となります。

つまり、セクハラ推定が働くのです。

最善の予防策は、社内、仕事関係の異性と「男女として交際すること」を控えることです。

仕事関係の異性との交際は、どうしてもセクハラのリスクが伴うのです。

それでも、どうしても交際したい場合には、以下の点を押さえておきましょう。

・部下は嫌でも嫌だと言えないもの、嫌でも同意をしてしまうことさえもあることを

知っておくこと
・相手の気持ちが変わる可能性もあることを知っておくこと
・一度誘ってダメなら（ダメの空気を感じたら）、潔く諦めること
・「同意」が、後から覆されることもあるということを知っておくこと

## (5) 相手を人として尊重している言動なのかを問いかける

ここまでの説明で、「セクハラにあたるかどうかって、難しいな」と思われた方も多いかと思います。

相手から「嫌だな」と思われたら、セクハラになってしまうというけれど、相手の気持ちもよく分からないし、相手が「嫌だ」と言っていなくても「嫌だな」と内心思っていることもあったりと、「一体どうすればいいのか⁉」「女性に話しかけることもできないのか⁉」と思われた方もいるでしょう。

ここで、このように行動していれば、まずは大丈夫という「行動指針」をお伝えします。

それは、相手に対する言動について、**相手のことを、一人の人として尊重しているか、大切にしている気持ちがあるかを問いかけて、「ＹＥＳ！」と言い切れるようであれば、まず大丈夫**です。

相手が「嫌だな」と感じるのは、自分のことを性的な対象として見ているな、軽く見ているな、欲望解消の「道具」や「手段」として見ているなということが、根底にあります。

女性を、性的欲望のはけ口と見たり、一段下の存在であると見下したり、軽んじたりする気持ちがある場合には、その言動からにじみ出てくるものが、相手に「嫌だな」と不快に感じさせるのです。

ですから、逆に、相手のことを、一人の人として尊重していて、大切に思う気持ちが根底にあれば、自然と、相手に嫌な気持ちをさせないように、相手の気持ちも推し量りながら、言葉や行動を選んでいくでしょう。そのため、セクハラになることはまずないと思います。

知識がないために、よかれと思ってした行為が、相手に嫌な思いをさせてしまった場合でも、すぐに謝って、同じことをしないようにすれば大丈夫です。

被害を受けた女性が、深く傷つくのは、セクハラ行為自体もそうですが、「嫌です」と言った後や嫌な顔をした後に、加害者側が、謝罪も反省もすることなく、開き直ってセクハラ行為をやり続ける（さらには報復行為に出る）ことなのです。

ハラスメントになるかなと迷ったら、「**果たしてこの言動は、相手のことを人として尊重しているのだろうか**」と問いかけてみるといいでしょう。

コラム

## 人格そのものを目的とする～個人の尊重～

ドイツの哲学者のイマヌエル・カントは、道徳とは、ベンサムがいうように幸福やその他の目的を最大化するためのもの（功利主義）ではなく、人格そのものを究極目的として尊重することだと言っています。

日本国憲法第13条は、「すべて国民は、個人として尊重される」と個人の尊重、すなわち一人ひとりを人として大切にすることが根本的な価値であるとしています。

それは、カントの言う、人格そのものを究極目的として尊重するということと同じです。

人格そのものを目的として尊重するということは、人をかけがえのない存在として尊重し、物扱いしないということです。

それは、何かの欲を満たすために、人を道具や手段として扱わないということです。

カントは、人は理性的な存在であり、尊厳と尊敬に値するという考え方をベースにしています。

「私は人類、そしてすべての理性的な存在は、その都度の意志によって恣意的に使うための単なる手段としてではなく、それ自体が究極目的として存在すると考える」

「汝の人格においても、あらゆる他者の人格においても、人間性を単なる手段としてではなく、つねに同時に目的として扱うように行為せよ」

ちょっと難しいですが、「理性的な存在」「目的」と「手段」というキーワードに着目してみましょう。

人は、どんな人も理性的な存在であること、人は自由に行動し、自由に選択する自律的な存在でもあること
それゆえに、その存在自体が、尊重されるということ

何かの手段や道具とされるのではなく、ただそれ自体が目的として存在するということ、そう扱われなければならないこと

カントは、そう言っています。

つまり、どんな人も理性を持った人として、無条件で尊重されるべきと言っているのです。

何か、きれいごとっぽい……、そんなの非現実的……。

人間って、欲もあるし、汚いところもあるし、理性的と言われても……。それに、とても悪いことをした人でも尊重するの？

そんな疑問を持つ方もいらっしゃるでしょう。確かに、その気持ち、よく分かります。でも、カントは、理性を強調していますが、人が欲で行動することを否定してはいません。

人間は、確かに、快楽を好み、苦痛を嫌う感性的な生き物ではあります。

しかし同時に、理性的で自由な存在だ、と言っているのです。また、現実がそうだと言っているのではなく、人は、理性的な行為を目指すべき、志向すべきだし、それができる存在であると言っているのです。

他者や集団、国家から、自分が何かの目的のための道具や手段とされたとき、個人は尊重されていません。

例えば、会社の上司が自らの権力を振りかざして、女性部下に性的関係を強要することがあれば、女性部下は、上司の性的欲望を満足させるための「手段」とされてしまっています。

悪徳業者が、お年寄りからお金を巻き上げる目的で健康食品を法外な値段で売りつけるとき、お年寄りは、悪徳業者にとってお金儲けの「手段」とされてしまっています。

ある上司が、出世を目的として、部下がやってくれた成果を自分の成果にし、部下のミスは、もっぱら部下のせいにするような場合、その部下は、上司の出世の目的の「手段」とされています。

学校で、自分たちがイライラするからと、誰かをいじめているとき、それは、その誰かを、自分たちのストレス解消の「手段」としています。

国家が、他国との戦争に勝つために、特定の人に犠牲を強いる場合、それは、特定の人たちを国家の勝利のための「手段」としています。


どうでしょう?

自分自身や自分が大切に思っている人が、誰かや組織、国家の「手段」「道具」として扱われたら、どうでしょう。

誰かの私欲を満たすための手段にされたらどうでしょうか。

そんなの絶対に嫌ですよね。悲しいですよね。悔しいですよね。

私を、人として扱ってよ！モノのように扱わないでよ！そう、叫びたくなります。

人をもっぱら「手段」として扱うとき、それは、個人の尊厳を踏みにじっているのです。人を人として尊重していないのです。

カントも、もちろん「手段的」な要素、自分の欲を全く排除して人と接するなと言っているわけではありません。

実際のところ、「手段的」な要素をゼロにして、もっぱらその人を「目的」として接するということは滅多にないでしょう。なかなかできるものではありません。

商売で何かを売る場合、商品を売って対価としてのお金をお客さんからいただくこと、それを期待することは当然のことで、それは何らやましいことではありません。利益を得ようとすることは、道徳的に決して悪いことではありません。

カントが言っているのは、「汝の人格においても、あらゆる他者の人格においても、人間性を単なる手段としてではなく、常に同時に目的として扱うように行為せよ」と、

「手段」として扱う要素があってもいいのだけど、同時に「目的」としても扱いなよ、もっぱら「手段」だけにするんじゃないよ、と言っているのです。

人間は弱い存在です。不完全な存在です。どうしても苦痛を避けて、快楽を求めたくなります。自らの欲に流されてしまいがちです。そのことは、カントも前提にしているのです。

そして、人は、つい他者との関係において、誰かを自分の欲の充足のための「手段」としてしまいがちなことを知っているからこそ、理性を強調するのです。

人は欲に流されやすい存在ですが、同時に人は理性的な存在です。生理的欲求を抑えて、他者の人格を尊重し自分自身をコントロールできる生き物です。

正しいことをしよう、誰かのために役に立とうと生きることができるすばらしい生き物でもあるのですね。

自由な行動とは、自律的に行動すること、自律的な行動とは、自分が定めた法則に従って行動すること、そんな生き方を人はできるのです。

「人間は弱くて不完全なものだから、理性的に生きようとしないと欲に流されちゃうよ。つい欲に流されて、人を『手段』や『道具』として扱ってしまいがちになるよ。でも、理性的に自由に生きることは、できるのだからやろうよ。そんな生き方を目指してがんばろうよ。人間ってすばらしい生き物なのだから！」

ということを、カント先生は言っているのではないでしょうか。

## (6) 自分の力（パワー）を意識して、相手が「嫌だと言えないものだ」ということを踏まえて行動する

上司の方は、部下というものは内心「嫌だな」と思っても嫌だとは言えないこと、そして「分かりました」と同意していても内心は「嫌だな」と思っていることもあることを理解してください。

嫌なら嫌だと言えばいいじゃないと思うところですが、上司や管理職はこのことを理解して行動する必要があります。

## Q　嫌なら嫌だとはっきり言えばいいと思うのですが？

部下で新人のB子さんとコミュニケーションを取ろうと思って、「今度、夜二人で飲みに行こう」と誘いました。B子さんは、少し間がありましたが「分かりました」と言ったので、二人で食事をしました。

その後、B子さんは、私から誘われて困った、本当は嫌だったと、同僚社員に言っていたらしいのです。

もう立派な社会人なのですから、嫌なら嫌だと断ってくれたらよかったのに……。後から、「実は嫌だった」と言われても、こちらが困ります。

## A

なるほど。確かにOKという意思表示があったら、内心でもOKだと思うところですよね。

しかしながら、セクハラに関しては、表面上のOKがすなわち内心でのOKとは限らないのです。つまり、表面上はOKでも、内心は「嫌だな」と思っていることもあり、それで「セクハラ」と認定されるのです。

誰かに何かを誘われたとき「NO」と断るのは、相手に悪く思われないかと、それだけでもストレスになります。そしてその誰かと継続的な関係、特に上司や指導担当者といった人だと、「NO」と言うのは、自分の仕事や評価にも悪い影響を与えそうで、怖いものです。

「嫌だ」「NO」と言うことによって、相手の機嫌を損ねてしまうかも知れない、そして指導や評価に悪い影響を与えてしまうかもしれない……。

そう思って、内心は嫌であっても嫌と言えず、断りたくても断ることができず、我慢していることも多いものです。

部下を誘う場合には、部下は内心「嫌だな」と思っていても、「嫌だ」と断れないものだと思っておいた方がよいでしょう。コミュニケーションを取るためであれば、夜に二人だけの食事にするのではなく、複数人を誘ってみたり、ランチに誘ってみてはいかがでしょうか。

## (7) お酒の席とその後は特に注意する

セクハラが多発するのは、お酒の席とその後のタクシーの車内です。

性的な関心といった本能的な欲望が、お酒によって理性の制御能力が弱くなってくると、行動に出てしまいがちになるからです。
そこで、お酒の席とその後は、言動に配慮するとともに、そもそもお酒によって理性によ
る制御ができない方は、お酒を控えた方がよいでしょう。

**Q**

**お酒の席でのちょっとしたエッチな冗談くらいは、女性社員も一緒に笑っていますし、許されますよね？**

うちの課内では、男性が多いせいか、宴会の席になると、いわゆる下ネタの話題で盛り上がることも少なくありません。課内には、女性社員もいますが、一緒に笑ってくれています。大丈夫ですよね？

**A**

いえいえ、女性社員の中には、顔で笑っていても「嫌だ」と感じている方がいる可能性もあり、セクハラになっているかも知れませんよ。宴会の下ネタ発言は、かなりセクハラリスクの高い行為でやめた方がいいでしょう。
まず、場所が会社の外のお店であっても、職場関係の宴席は職場と同視されます。
また、宴会の席だからといって、セクハラ認定において、大目に見られるわけでも

ありません。

そして、性的な話題は、基本的には「嫌だな」と思う人がいる確率の高い話題です。表向き、一緒に笑っているように見えたとしても、内心で「嫌だな」と思っている可能性が高いのです。女性だけではなく、男性の中にも「嫌だな」と感じている人もいるかも知れません。「嫌だな」と言ったり、嫌な表情をしないのは、あえて場の雰囲気を壊したくなく、受け流そうとしているからなのです。

宴会の席では、お酒も入って、気持ちが緩んでしまいがちになり、「これくらいいいじゃない」と思ってしまいがちです。そのために実際にセクハラ行為も多いのですが、下ネタ発言は「相手を嫌な気持ちにさせる」やってはいけないセクハラ行為になりますから、より一層の注意が必要です。

## (8) 他の人のセクハラを放置しておかない

自分自身はセクハラ行為をしていなくても、他の人がセクハラをしているのを放置しておくと、セクハラ被害者からは、一緒になってセクハラ行為をしていたと見なされる可能性があります。

学校のいじめ問題で、いじめを見て見ぬふりをする「傍観者」もまた事実上そのいじめに加担していると評価されることもあるのと同じです。そして、セクハラ被害者は、「○○さんなら助けてくれると思っていたのに助けてくれなかった」と深く傷つくこともあるのです。

それにセクハラを放置しておくと、セクハラが当たり前の職場になっていきます。性的な冗談を言っても「これくらいは許されている」という空気が蔓延していると、自分もその空気に染まり、性的な冗談を言うなどして「セクハラ加害者」となる可能性もでてきます。

そこで、他の人がセクハラ行為をしていたならば、やんわりと（時にははっきりと）注意をする必要があります。これまでお話したとおり、無意識で悪気がなく、セクハラをやっているることもあるからです。もし直接では言いづらいようなら、上司や会社の相談室に相談することを検討してみてください。

セクハラが蔓延している職場は、到底働きやすい職場とは言えず、セクハラ被害者本人だけではなく、同じ職場にいる社員全体の勤務意欲も低下しています。

自分には関係はないと、放置しておくのではなく、解決のための行動をとってください。

## (9)「知識」と「想像力」を働かせる

セクハラをしないために大切なことは「知識」と「想像力」です。

知識とは、これまで私がお話したこと、時に無意識にでも、ある行為はセクハラになり得るということや、相手は力関係から嫌だとは言えないことを知っておくことです。

想像力とは、相手の立場に立って考える。相手がこういうことをされてどう感じるかをしっかりと想像するということです。

**自分の妻や娘がされたらどう思うか?**

**社長や上司の妻や娘に対して同じようなことができるか?**

を想像してみるのもよいと思います。この想像から、「違うな」「できないな」と感じるようであれば、言動にブレーキをかけてください。そうしておけば、まずは大丈夫だと思います。

図表　セクハラパターンのまとめ

| セクハラの型 | 特徴 | 防止策 |
|---|---|---|
| 「時代劇の悪代官」型 | 権力を背景に、性的要求を繰り返す<br>要求を拒絶されると、不利益を与える | ・人として最低の行為だと知る<br>・ダメージの大きさを知る |
| 「宴席で気が緩んでしまう」型 | 宴席で気が緩み、下ネタ発言を連発したり、女性部下の身体を触ったりする | ・宴席は職場の延長であることを認識する<br>・お酒に注意する |
| 「下ネタでウケてる」勘違い型 | 下ネタで笑いをとろうとする | 下ネタ発言はセクハラリスクが高いことを知る |
| 恋愛一直線型 | 女性部下に真剣な恋心を抱き、熱心にアプローチをしてしまう | 部下は誘いを断れずに嫌がっているかも知れないことを意識する |
| 恋愛妄想型 | 女性部下の「笑顔」を自分に気があると勘違いしてしまう | その笑顔を好意と勘違いしないようにする |
| 「女はこうだ」「男はこうだ」意識発露型 | 性別役割分担意識に基づく発言をしてしまう | 「女性は」「男性は」という言動に注意する |
| コミュニケーション積極型・距離接近型 | コミュニケーションの一つとしてよかれと思ってやっている | ・中には嫌だと思っている人もいることを知る<br>・適切な距離を意識する |

# 第4章

# 本当に怖い
# パワハラ問題

# 1 ダメージが大きいのが怖い

パワハラもセクハラと同じように、ダメージが広範囲かつ深刻に及ぶことが怖いところです。

## (1) 相手に与えるダメージが大きいのが怖い

セクハラと同様に、パワハラもまた相手の人格や尊厳を傷つけ、相手のメンタルを破壊し、うつ病や自殺のリスクも発生させます。仕事もできなくなって、相手やその家族の生活に深刻なダメージを発生させるのです。

「私は、高校3年生です。一家の大黒柱であるお父さんが会社の上司からパワハラを受けて、うつ病になり、仕事ができなくなりました。お母さんが家計を支えるためにパートに出て働いていますが、生活は苦しくて、カードローンで借金もしているようです。私は大学に行きたかったのですが、お父さんやお母さんに負担をかけたくないので、行けないと思います……」

このようにパワハラは、相手だけではなく、その家族にも暗い影を落としていくのです。

## (2) 自分が受けるダメージが大きいのが怖い

パワハラもセクハラと同様に、やってしまうと自分自身に様々なダメージが降りかかることになります。

**①刑事責任（暴行罪、傷害罪、名誉棄損罪等）**
**②民事上の損害賠償責任**
**③会社からの懲戒処分（最悪、懲戒解雇つまりクビ）**

裁判例から、民事上の損害賠償責任について見ていきましょう。

裁判例では、パワハラがあったかどうかについて、業務指導監督の範囲内かが多く争われています。すなわち、「会社の上司には、部下を指導監督する権限があるものの、その目的や方法に照らして、その行為が権限を濫用しているとみられる場合には、不法行為となる」

とされ、権限の濫用と言えるかが問題となるのです。

すべてのパワハラ行為が、ただちに不法行為として、損害賠償責任を発生させるものではありません。

不法行為責任を発生させる程度のパワハラ行為には、一定のレベルが必要です。

それでは、どのような場合に、不法行為責任ありとされるのでしょうか？

大まかに言えば、暴力を伴うパワハラ行為は、基本的に不法行為責任が認められ、人格を否定するような暴言、ののしりについては、その頻度や内容によって、違法性が認められることもあります。

パワハラとして不法行為責任が認められた裁判例をご紹介しましょう。

**名古屋地方裁判所　2014年1月15日判決：メイコウアドヴァンス事件**

Yは、足や膝でAの大腿部を二回蹴る暴行を加え、両大腿部挫傷・全治12日間の傷害を負わせた。

Aが仕事でミスをすると、Yは「てめえ、何やってんだ」「どうしてくれるんだ」「ばかやろう」などと汚い言葉で、大声で怒鳴っていた。あわせて被害者の頭を叩くことも時々あったほか、被害者を殴ることや蹴ることも複数回あった。

Aが自殺し、Aの遺族が提訴。裁判所はパワハラとAの自殺の因果関係を認め、Yと会社に5400万円の損害賠償の支払いを命じた。

**東京地方裁判所2009年1月16日判決：ヴィナリウス事件**

Y社の従業員であったXが、B部長からのパワハラにより、うつ病が再発し、それを理由に解雇されたなどと主張し、B部長らの行為は不法行為にあたるとして、Y社に対し不法行為（使用者責任）に基づき慰謝料の支払いを求めた事案。

B部長は、XがB部長の指示どおり動けなかったりした場合、他の従業員がいる前で「ばかやろう」などと罵るようになった。航空券の手配を頼まれたXがインターネットで調べていると、「ばかやろう、旅行会社全部に片っ端から電話してみろ」などと一方的に責め立てた。

また、別室にXが一人だけ呼ばれることもあったが、その際も、「三浪してD大に入ったにもかかわらず、そんなこともできないのか」「結局、大学出ても何にもならないんだな」とXを罵倒したり、「今日やった仕事を言ってみろ」と問い、Xがその日の業務内容を答えると、「ばかやろう、それだけしかできてないのか。他の事務をやっている女の子でもこれだけの仕事の量をこなせるのに、お前はこれだけしか仕事ができないのか」などとXを叱責したりした。これらは時間にして30分近くに及ぶことが多かった。

Xがうつ病と診断された診断書をB部長に見せたところ、B部長は「うつ病みたいな辛気くさいやつは、うちの会社はいらん。うちの会社は明るいことをモットーにしている会社なので、そんな辛気くさいやつはいらないし、お前が採用されたことによって、採用されなかった人間というものも発生しているんだ。会社にどれだけ迷惑をかけたか分かっているのか。お前みたいなやつはもうクビだ」などと30分ほどにわたり罵声を浴びせた。

判決では「B部長の発言は、単なる業務指導の域を超えて、Xの人格を否定し、侮辱する域にまで達していると言え、不法行為と評価されてもやむを得ないもの」として、B部長の発言の違法性を認め、Y社に対し使用者責任として慰謝料80万円の支払いを命じた。

**東京地方裁判所八王子支部 1990年2月1日判決：東芝府中工場事件**

製造業$Y_1$社の工場に勤務していたXの後片付けの不備、伝言による年休申請に対し、上司$Y_2$がXに対して反省書の提出等の注意指導を行った。Xは「上司$Y_2$の常軌を逸した言動により人格権を侵害された」と主張して$Y_1$社及び上司$Y_2$に対し損害賠償を請求した事案。

判決は、上司には所属の従業員を指導し監督する権限があり、部下を注意し、叱責したことは指導監督する上で必要な範囲内の行為とした上で、本件の場合は上司$Y_2$の反省書の作成や後片付けの再現等を求めた行為は、指導監督権の行使としては、裁量の範囲を逸脱し、違法性を帯びるに至るとして、$Y_1$社と上司$Y_2$に対し、連帯して慰謝料15万円の支払いを命じた。

**仙台高等裁判所秋田支部１９９２年12月25日判決：ＪＲ東日本事件**

被告$Y_1$社の従業員であり国鉄労働組合員であった原告Xが、国鉄労働組合のマークが入っているベルトを身につけながら作業に従事していたところ、原告の上司$Y_2$が、就業規則違反を理由にベルトの取り外しを命じ、さらに、就業規則の全文の書き写しと、その後感想文の作成、書き写した就業規則の読み上げを命じる等した。

裁判所は「$Y_2$の命じた本件職業訓練は、Xに就業規則を学習させるというより、むしろ、見せしめを兼ねた懲罰的目的からなされたものと推認せざるを得ず、その目的においても具体的態様においても不当なものであって、Xに故なく肉体的、精神的苦痛を与えてその人格権を侵害するものとして、不法行為の成立を認め、慰謝料20万円の支払を認めた原審の判断を維持した。

**東京地方裁判所２０１０年７月27日判決：日本ファンド事件**

原告$X_1$に対して、$X_1$の上司である被告Yは、$X_1$がたばこ臭いなどとして、扇風機を$X_1$の席の近くに置き、$X_1$に扇風機の風が直接あたるようにした。$X_1$が業務の改善法についての発言を行ったのに対し、被告は「お前はやる気がない。なんでこんなことを言うんだ。明日から来なくていい」などと$X_1$を怒鳴った。$X_1$は、抑うつ状態となり1カ月休職した。

また原告$X_2$に対して、$X_2$の上司である被告は、$X_2$に対して、二回暴行を加え、また$X_2$が担当していた顧客の信用情報に係る報告が信用情報機関に行われていなかったことについて、「ばかやろう」「給料泥棒」「責任を取れ」などと$X_2$を叱責し、さらには$X_2$に「給料をもらっていながら仕事をしていませんでした」との文言の入った念書を提出させた。

裁判所は、Yに対し、$X_1$に対する慰謝料60万円、$X_2$に対する慰謝料10万円の支払いを命じた。

以上の裁判例から、パワハラ行為を訴えられた場合に争われるポイントを整理します。具体的には以下の二つになります。

①パワハラとされる行為が実際にあったか（事実認定）

②その行為があったとして、違法なパワハラ行為と評価されるか（法的な評価）／業務上の範囲内かそれを逸脱しているか

①の事実認定は、セクハラ行為の場合と違って、他の社員の前で叱責するなどの行為が行

われることも多く、密室性の程度は低いため、他の社員の供述も証拠となり得ます。

②の法的な評価ですが、業務上の範囲内の指導なら違法なパワハラとはされません。パワハラだと訴えられた側は、概ね、その行為は「業務上の指導だ。部下を叱咤激励したのだ」と反論することが多いのです。

では、違法かどうかの裁判所の判断基準はどうなっているのでしょうか。

**福岡高等裁判所2008年8月25日判決：長崎・海上自衛隊員自殺事件**

自衛隊員Aが、上司Bや上司Cにいじめを受けて自殺したとして、Aの遺族が国に対して国家賠償を求めた事案が参考になります。

裁判所は次のように言っています。

そのパワハラとされた行為が違法（法的責任を発生させるもの）かどうかは、

①**原則、相手に心理的負荷を過度に蓄積させる行為**があれば違法となる。

②心理的負荷を過度に蓄積させるような行為かどうかは、原則として、これを受ける側の「**平均的な心理的耐性**」を有する者を基準として判断される。

③**例外**として、相手に心理的負荷を過度に蓄積させるような行為であっても、その行為が

**合理的理由に基づいて、一般的に妥当な方法と程度で行われた場合**には、正当な職務行為として、違法性がないとされることもある。

この裁判例の事案では、B班長はAに対し「お前は三曹だろ。三曹らしい仕事をしろよ」「お前は覚えが悪いな」、「ばかかお前は。三曹失格だ」などの言葉で、継続的に誹謗しました。このようなB班長の言動について判決は、以下のようにB班長の言動は違法だと評価しました。

「これらの言辞は、それ自体Aを侮辱するものであるばかりでなく、経験が浅く技能練度が階級に対して劣りがちである曹候出身者であるAに対する術科指導等に当たって述べられたものが多く、かつ、閉鎖的な艦内で直属の上司である班長から継続的に行われたものであるといった状況を考慮すれば、Aに対し、心理的負荷を過度に蓄積させるようなものであったというべきであり、指導の域を超えるものであったといわなければならない」

他方で、C班長が、Aに対し「ゲジ2（トランプの最低カードのこと）」「百年の孤独要員」と言ったり、自宅に招待した際、「お前はとろくて仕事ができない。自分の顔に泥を塗るな」などのC班長の言動については、判決は以下のように述べて違法性を否定しました。

「C班長とAは、おおよど乗艦中には、良好な関係にあったことが明らかであり、Aは二回にわたり、自発的にC班長に本件焼酎を持参したこと、C班長はAのさわぎり乗艦勤務を推薦したこと、Aが三回目に本件焼酎を持参すると言った際、返礼の意味を含めてA一家を自宅に招待し、歓待したこと等からすれば、客観的にみて、C班長は、Aに対し、好意をもって接しており、そのことは平均的な者は理解できたものと考えられるし、Aもある程度はこれを理解していたものであって、C班長の上記言動はAないし平均的な耐性を持つ者に対し、心理的負荷を蓄積させるようなものであったとは言えず、違法性を認めるに足りないというべきである」

B班長の言動は、違法であるが、C班長の言動は、違法ではないと評価が異なったのです。C班長のAに対する「ゲジ２」等の発言は、確かに暴言ではありますが、Aとの間には、良好な人間関係があったこと等から、違法とまでは評価されなかったのです。

このように、その発言だけを取り出すのではなく、**前後の文脈やこれまでの人間関係がどうであったも含めて、「心理的負荷を過度に蓄積させるものかどうか」**（＝違法かどうか）が、判断されるのです。

これは、裁判所が事後的に「違法なパワハラ行為」かを判断する枠組みですが、パワハラにならない行動指針としても、指導を行う際には、相手との人間関係（信頼関係がどうであるか）を踏まえて、相手の心理的負荷の程度に配慮しながら、行うことが必要でしょう。

その際には、「自分と部下との関係なら、これくらいきつく言っても大丈夫だ」と楽観的に考えるのではなく、「大丈夫だろうか」「言い過ぎではないだろうか」とやや悲観的に思っておいた方がよいでしょう。そして、少し言い過ぎたかなと思ったならば、すぐにフォローをしておくことも大切です。

## (3) ダメージが会社に広がるのが怖い

パワハラは、セクハラと同じように、相手と自分だけではなく同じ職場の人や会社にも悪い影響を与えます。

会社は、パワハラ被害者から民事上の損害賠償責任（職場環境配慮義務違反、使用者責任）を追及される怖れがあります。

こうした法的な責任のほかに、職場環境の悪化から、社員の働く意欲が減少して、業績が落ち、また社員が辞めて、貴重な人材の流失につながる可能性も出てきます。

企業としてのイメージダウンにもつながって、消費者からもそっぽを向かれるかも知れません。

## 2 業務指導との線引きが難しいところが怖い

セクハラの怖さは、そのダメージの大きさだけではなく、無意識にセクハラをやってしまうというコントロールの難しさがあるとお話しました。

パワハラもセクハラと同じように、意図的にではなく、無意識にパワハラをやってしまうという難しさがあります。

パワハラをしないようにコントロールすることができるならば、避けることはできます。ところが、パワハラの難しいところは、それが業務と全く無関係ではなく、多くは仕事との何らかの関連があり、業務指導との線引きが難しいというところです。

いじめ目的、嫌がらせ目的で、暴言を言ったり、無視するといったパワハラ行為をするのは、パワハラだと分かりやすいのですが、実際に多いのは、「**自分としては、熱心に指導をしたつもりで、何ら悪いことをしている意識がなかったのに、その行為がパワハラだとされてしまうこと**」です。

自分としては指導をしているという意識でパワハラだという意識がありませんから、ブレーキがきかず、回避することもなく、はたから見れば、パワハラ行為を続けてしまい、気がついたときには、相手に深刻なメンタルダメージを与えていたこともあるかも知れません。

例えば、仕事ができて指導熱心の上司のもとに、仕事ができず、またやる気の乏しい社員が配属されたらどうなるでしょうか。

おそらくその上司は、仕事ができない部下に対し、仕事ができるようにするために、熱心に厳しく指導をするでしょう。

その熱心さから、指導を受ける部下からしてみれば、心理的な負荷が重くなり、結果的に「パワハラ」だと受け止められる可能性もあるのです。

何度教えてもうまくできない部下に対して、「苛立ち」の感情を持つこともあるでしょう。また、部下が素直に指導を受け止めて改善の努力をしてくれるならば、まだ我慢できるものの、部下にはやる気がなくて、仕事を覚えようとしなければ、指導する側にしてみればついつい感情的になってしまい、大きな声を出したくなるのも人情です。

こうして上司の側からは、熱心な指導としてパワハラの意識がないままに、部下からパワハラとされてしまうのです。

## □職場ごとに異なる「適切な指導」

また、職場によっても、相手との関係や相手の性格によっても、「大声で叱る」といった同じ言動が、一方でパワハラとなり、他方ではパワハラとはならないということもあります。

例えばその職場が、建築や土木といった「体育会系」の職場であれば、指導が大声になることもよくあるでしょうし、ミスが安全面に関わることであれば、強い叱責もあるでしょう。

そのため、別の会社に転勤して、以前の会社では何ら問題にされなかった指導方法が、新しい勤務先では「パワハラ」と言われることもあるかも知れません。

そこで、**パワハラをしないためには、その職場環境や職務の内容、相手との関係、相手の性格もふまえながら「適切な指導」を心がけていく**ほかありません。

このように、何がパワハラで、何が指導なのかの線引きはとても難しいのです。

この線引きの難しさから、上司が部下から「パワハラだ」と言われるのを怖れて、きちんとした指導ができないということになると、それはそれで問題です。

ただ、根本的なところでは、相手の人格を尊重する、相手を一人の人として尊重するという気持ちで、相手の心情に配慮しつつ、指導を行っていけば、まず大丈夫だと思います。

そのような上司の気持ちは、部下にも大抵の場合、伝わるものです。そして、「強く言い過ぎたかな」と思うのであれば、後から「ちょっと強く言い過ぎてしまった。すまなかった」

などとフォローをしておけば大丈夫です。

Q

## 仕事上のミスをした部下を叱る

**何度もミスを繰り返す部下を強く叱るのはパワハラになるのですか？**

うちの課に、B君という部下がいるのですが、彼は、どうも仕事の意欲がなくてミスばかり繰り返すのです。B君のように出来の悪い部下に対しては、厳しく叱責するのが当然だと思います。先日も、B君がまたミスをしたので、B君に「何度言ったら分かるんだ！ばかやろう！」とつい怒鳴ってしまいました。これもパワハラになるのでしょうか？

A

仕事上のミスをした部下に対して、叱責することは、業務上に関連した行為であり、その叱責のやり方が相当なものであれば、パワハラにはあたりません。相手が主観的に「嫌だな」と感じたとしても、パワハラになりません。ただし、指導目的であれば、どのような方法でもよいというわけではなく、その指導・叱責のやり方や程度によっては、パワハラとなります。

何度もミスをする部下に対して、怒鳴りたくなる気持ちは分かりますが、指導目的であっても、方法として「何度言ったら分かるんだ！ばかやろう！」と怒鳴りつけるのは、相手の人格を非難するもので、パワハラとなる言動です。
ミスについて指導するのであれば、具体的に、ミスの原因を確認し、改善点の指摘、具体的行動のアドバイスをするようにしましょう。

次のような裁判例があります。
高松高等裁判所２００９年４月23日判決：前田道路事件
Y社の従業員であったAが自殺したのは、上司Bから、過剰なノルマ達成の強要や執拗な叱責（例えば「会社を辞めれば済むと思っているかもしれないが、辞めても楽にはならないぞ」）を受けたことなどにより、心理的負荷を受けてうつ病を発症し、症状を悪化させたからであるなどとして、Aの相続人であるXらが、Y社に対し、損害賠償金の支払いを求めた事案。
第一審判決では、Xの請求を一部認容したものの、控訴審である高松高裁は、Y社の損害賠償責任を否定しました。

「Aの上司からAに対して架空出来高の計上等の是正を図るように指示がされたにもかかわらず、それから一年以上が経過した時点においてもその是正がされていなかったことや、C営業所においては、工事着工後の実発生原価の管理等を正確かつ迅速に行うために必要な工事日報が作成されていなかったことなどを考慮に入れると、Aの上司らがAに対して不正経理の解消や工事日報の作成についてある程度の厳しい改善指導をすることは、Aの上司らのなすべき正当な業務の範囲内にあるものというべきであり、社会通念上許容される業務の指導の範囲を超えるものと評価することはできない」として、Y社の不法行為責任を否定しました。

部下が不正なことをした場合には、ある程度は厳しく指導、叱責することは、上司として正当な業務行為であるというものです。

とは言え、やはり程度の問題はありますし、不法行為として損害賠償責任を負わないとしても、叱責の方法によっては、相手のメンタルを破壊してしまうこともあるので（本件では、労災においては、業務上の災害として労災認定されています）、表現方法には、注意が必要です。

## 仕事上の地位に照らして、期待した結果を出せない部下を叱咤激励する

Q

**期待する部下への叱咤激励がパワハラになるの？**

社長の私は、部下のA君には見込みがあると思って課長に抜擢しました。しかし、A君の業績は、私が期待したものには遠く及びません。そこで、彼に発奮してもらおうと、「君には期待して課長として高い給料を払っているのだから、しっかりがんばってもらわないと。こんな業績ではダメじゃないか。やる気がないなら、会社を辞めてもらってもいいのだよ！」と強い口調で叱咤しました。これもパワハラになってしまうのでしょうか？

A

社長さんとAさんとの関係性にもよりますが、期待を込めた叱咤激励の意図があったとしても、「辞めてもらってもいい」という表現は解雇をほのめかすようにも受け止められ、Aさんからパワハラと言われたり、第三者の評価としても、パワハラと認定される可能性がある言動です。

次のような裁判例があります。

**東京高等裁判所2005年4月20日判決：三井住友海上火災保険上司事件**

会社のサービスセンター所長Yが、業務成績が芳しくない課長代理の部下Xに対して、奮起を促す目的で「意欲がない、やる気がないなら、会社を辞めるべきだと思います。当SCにとっても、会社にとっても損失そのものです」「あなたの給料で業務職が何人雇えると思いますか。あなたの仕事なら業務職でも数倍の実績を挙げますよ」などと、Xを含む同じ職場の従業員10数名にもメールで送信したケースで、XがYに対して、Yの行為は名誉棄損またはパワハラで不法行為にあたるとして、慰謝料100万円を請求した。

一審判決は、Xの請求を認めず、高裁判決は、名誉棄損について認め、5万円の慰謝料を認容した（パワハラについては否定）。

高裁判決は「本件メールの内容は、職場の上司であるYが、エリア総合職で課長代理の地位にあるXに対し、その地位に見合った処理件数に到達するように叱咤督促する趣旨であることが伺えないわけではなく、その目的は是認することができる」として、目的自体は是認しつつも、本件メールについては「人の気持ちを逆撫でする侮辱的言辞と受け取られても仕方のない記載などの他の部分ともあいまって、Xの名誉感情をいたずらに毀損するものであることは明らかであり、上記送信目的が正当であったとしても、その表現において許容限度を超え、著しく相当性を欠くものであって、Xに対する不法行為を構成するというべきである」として、Yの行為が、名誉棄損であり、不法行為にあたるとしました。

ただし、パワハラについては、叱咤督促の目的を考慮して、否定しました。

慰謝料金額については、「本件メール送信の目的、表現方法、送信範囲等を総合すると、Yの本件不法行為（名誉棄損行為）によるXの精神的苦痛を慰謝するための金額としては、5万円をもってすることが相当である」としました。

## □叱咤激励のつもりがパワハラに！

この判例のように、業務上の叱咤激励の目的であっても、その方法によっては、不法行為になり得るということに、注意が必要です。

一審判決では、不法行為を認めなかったように、民事上の損害賠償責任を発生させるレベルの行為かどうかは、微妙なケースではありますが、「やる気がないなら、会社を辞めるべき」や「あなたの給料で他の社員が何人雇えると思うのか」といった言動は、不適切な言動であることには間違いありません。

また、本人のみならず、他の社員にもXを叱咤するメールを送信してしまったことも問題視されています。言葉の内容とともに、その表現方法についても注意を払う必要があります。

この裁判例のYのような行為は、不法行為責任が発生しないとしても、受け取った社員との人間関係を悪化させますし、社員のメンタルを壊しかねません。

以上のように、いかに業務上の叱咤激励目的であっても、さらに相手のためを思っていたとしても、その表現方法では、「パワハラだ」と問題視されてしまうので注意が必要です。

以下に、パワハラになりやすい要素と許容される要素をまとめました。

**①業務指導の目的であってもパワハラになりやすい要素**
・やり過ぎ、言い過ぎ
・人格非難や侮辱的な言動
・大声で叱る
・威圧的に叱る
・他の社員がいる前で叱る
・執拗に何度も叱責する

・日常的な関係性ができていない
・叱りっぱなしでフォローがない

**②ある程度の厳しい叱責も許容される要素**

・適切な指導をしても、改善がみられず、繰り返しミスが発生する場合
・指導に対して、反抗的な態度を取って、指導を受け入れようとしない場合
・業務の性質上、安全や緊急性が要求される職場で、安全確保のために行われる指導の場合（建築現場、医療現場等）
・部下が、不正を行っている場合

## 3 個人の問題ではなく、組織的な問題が絡むところが怖い

セクハラもそうですが、パワハラではさらに、ハラスメントを行う個人だけの問題ではなく、会社やその部署全体の組織的な問題が、多く関連しています。

その企業風土や部署内の環境が、パワハラを事実上容認する（あるいは推し進める）ものであると、パワハラが当たり前の環境となり、管理職や上司個人もまた「当たり前のこと」として、パワハラ行為をすることに、なんら罪悪感もなく行うことでしょう。

また、業績をアップさせるために社員に過度なノルマを課している会社では、部署内でもノルマ達成のための指導として、「パワハラ」が起こりやすくなるでしょう。

以前の職場では、パワハラを起こさなかった人が、厳しいノルマが課せられ、残業も当たり前の職場の管理職になることによって、ストレスもたまり、部下に対して、ノルマ達成を強く要求したり、あたったりすることもあるでしょう。

このように、パワハラ行為をした個人だけに、要因があるわけではないのです。

パワハラが発生した場合には、すべて個人の問題とせずに、部署や会社といった組織に、問題がないかを検証する必要があるのです。

## □ブラック企業に共通する企業体質と労働環境

今や「ブラック企業」という言葉が、すっかり世間に認知されました。ブラック企業とは、長時間労働や低賃金、苛酷なノルマとともに、セクハラやパワハラが蔓延し、法律が軽視されている企業のことです。

毎年、ブラック企業大賞実行委員会が、その年のブラック企業を認定し、公表しています。企業にとって、ブラック企業と認定されることは実に不名誉なことでしょう。

ブラック企業大賞実行委員会のブラック企業認定の指標としては、長時間労働、いじめ、コンプライアンス違反、育休・産休などの制度の不備、残業代未払い、派遣差別、そしてセクハラ・パワハラが挙げられています。

セクハラやパワハラが蔓延している企業には、ハラスメントだけではなく、それと同時に、長時間労働や低賃金、コンプライアンス違反といったことも多く行われていることが多いものです。

それは、そのような企業の根本には、他社との競争に打ち勝つため、売上や利益を上げるために、ひたすら効率を重視し、従業員を企業（経営者）の維持や発展のための道具や手段とし、従業員の人としての人格を軽視しているからなのです。

その企業環境では、売上や利益至上主義となってしまうため、長時間労働や低賃金になりやすくなりますし、「パワハラは許されない」という人権感覚が鈍くなります。成果を挙げるために、過度に部下に厳しく当たるといったことも、「当然のこと」となるのです。

また、従業員を道具として扱う企業においては、そこで働く従業員が受けるストレスも大きく、心に余裕がなくなって、イライラすることも多くなるでしょう。

そのような職場におかれると、知識としてパワハラはいけないと分かっていても、会社の空気に染まって、「これくらいは普通の指導」「そうでなければ仕事をこなしていけない」等とパワハラをしている意識のないままパワハラをしてしまうのです。

## □「このくらい当たり前」の意識がパワハラを生む

セクハラの怖いところは、ダメージの大きさだけではなく、無意識にやってしまうところでしたが、パワハラもまた、「この会社ではこれくらいのことは当たり前」と無意識にやってしまうところが怖いのです。

人は、自らがいる環境に順応していきます。その環境が、ハラスメントを許容するようなものであれば、いつの間にか自分もまたハラスメントの加害者となっているかも知れません。本当に怖いことだと思います。

大和田敢太滋賀大学名誉教授は、職場のいじめ問題は個人の問題ではなく、企業経営上の課題であり、構造的な問題であるとして、「ハラスメント発生の構造」について、次のように述べています。

「ハラスメント概念の浸透には、現代の企業経営や労働のあり方が、管理主義や規格標準化によって支配されており、労働者を競争主義に駆り立てているという背景がある。とりわけ、グローバリゼーションのもとでの成果主義によって、労働者は同僚と協力して仕事をすることよりも、目に見える形で成績を上げることが求められている。そこでは、労働者は自分の成果を出さねばならず、同僚の労働者との連帯を顧みる余裕はなくなってきている。ハラスメントの加害者が、「いじめる意図はなかった」と主張するのは、必ずしも自己弁護のためだけではなく、無意識に他人をハラスメントすることがあるからなのだ。上司が部下に、過剰な目標を与えてその実現を迫ったり、成績を上げられないことを叱責したりすることが日常茶飯事のように行われてしまっているのである」(『職場のハラスメント』大和田敢太著 中央公論社)

大和田氏が述べるようにハラスメントは、個人だけの問題ではなく、企業経営や労働のあり方の組織的な問題です。そこで、ハラスメントを防止するためには、単にハラスメントを行った個人を懲戒したり、社員に対して啓発するだけでは、不十分であり、ハラスメント発生の根底にある企業のあり方を改善しなければ、再発してしまう可能性が高いのです。

## 4 嫉妬が絡んでくるところが怖い

パワハラは、人間関係に絡むトラブルです。そこには、気に食わない、生意気だ、妬ましいといった感情的な問題が背景にあることがあります。

・仕事のできる上司が、仕事のできない部下に、「なんでこんなこともできないか」と苛立ち、パワハラ行為に及ぶ

・仕事のできない上司が、仕事のできる部下に嫉妬し、「生意気なやつだ」と、パワハラ行為に及ぶ

・体育会系上司が、草食系の部下に対して厳しく指導をしているつもりで、相手がパワハラと感じる

などです。

例えば、こんな具体例もあります。

A会社のB部署に、新たに別の会社からヘッドハンティングで引き抜かれたC課長が着任しました。C課長は、徹底的な合理主義者で、年齢や経験を問わずに、成果が出せ

るかどうかを基準に、部下を評価していました。

そこで、若いながらも、大きな成果を出すD社員を褒めたたえ、経験はあるものの成果を出せないベテランのE社員には、冷淡な態度を取りました。

それを面白く思わないE社員は、他の社員に、「D社員は、生意気で、性格悪いよね」といった悪口を言って回りました。他の社員も、D社員だけが評価されることを面白くなく思っていたこともあって、ベテランのE社員に同調して、D社員と距離をおくようになり、いつしかD社員は、部署内で孤立してしまいました。

## □嫉妬の感情はなかなか抑えきれない

さて、このようなことってないでしょうか。若くて優秀で仕事ができる、でもちょっと生意気な社員がいたら、嫉妬心もあって、軽い気持ちで、悪口を言ったり、無視をしたりして、干してやろうと。

ところが、最初は軽い乗りだったのが、だんだんとエスカレートしていって「あいつさえいなければ自分が」という排除の気持ち高まったり、さらには「辞めてもらうとすっきりする」という流れとなって、集団によるパワハラが進行してしまうのです。

「あの人だけひいきされている。実力もないくせに、上司に取り入って」という嫉妬の感情は、根深く、「嫉妬心はみにくい」「嫉妬心からくるいじめはいけない」と思っていても、なかなか抑えきれるものではありません。

この事例の場合、もちろんD社員を孤立させようとしたE社員が、パワハラ加害者となりますが、周囲の社員もまた加害者です。そして、**その責任が最も重いのが、C課長です。**

C課長は、部下の働きぶりを公正に評価して、えこひいきしないようにする必要がありますし、部署内がこのようなぎすぎすした雰囲気になったら、E社員や他の社員と個別に面談するなどして、D社員を孤立させないように、努める必要があるでしょう。

放っておけば、優秀なD社員は、メンタルをやられ、休業、そして会社を辞めていくかも知れません。そして、Eさんやc課長、他の同調した社員、A会社に対して、損害賠償請求を起こすのです。

### □成果主義・競争主義の徹底が嫉妬心につながる

できる人と自分を比べて、劣等感を感じ、がっかりした気持ちになることは、誰しもが経験することでしょう。

その劣等感をバネにして、自分を高めようとする方向に意識が向けばいいのですが、なかなか難しく、できる人に対して、嫉妬心などのネガティブ感情を抱くことがむしろ多いものです。

それでも、自分の中で、その感情を受けとめることができればいいのですが、受けとめきれずに、相手に優越的な地位を利用して攻撃をすると、ハラスメントになります。

できる部下や同僚は、本来は好ましい存在なのですが、会社の中で、成果主義・競争主義が徹底していると、できる部下や同僚は、チームの仲間ではなく、ライバルとして自分の出世や評価を下げかねない対象として認識されます。

自分に劣等感を抱かせる相手が腹立たしい、自分の存在を脅かす、自分を惨めな気持ちにさせる相手が憎たらしい、干してやろうと、ハラスメント行為に及ぶのです。

前述のように、嫉妬心、劣等感という感情は人の根っこにあるもので、なかなかコントロールしにくいものです。

自分自身でも心のどこかで醜い感情と分かっていますから、それと向き合わずに、相手が生意気なのだ、相手が悪いのだ等と相手に原因があるように思い込んで、ハラスメント行為を正当化し、継続していくのです。

パワハラには、こうしたコントロールしづらい本能的な感情につき動かれることによって起きる怖さもあるのです。

# 第５章

# パワハラ加害者にならないために

では、パワハラ加害者にならないためにどのようなことに注意すればよいのでしょうか。

そのためには、次の四つのポイントを意識することが必要です。

### ポイント1 その指導が業務目的かを意識する

その言動に業務上の目的はあるのでしょうか？ 仕事にかこつけて、嫌がらせ目的になっていないでしょうか。相手が気に入らないからといって、嫌がらせやいじめになっていないでしょうか。ストレス解消の手段として、相手にあたっていないでしょうか。

職場には、いろいろな人がいて、中にはあわない部下、気に入らない部下もいるかも知れません。

そのような気持ちがある場合には、指導を行う場合には、いじめやストレス解消の目的でやっていないかを自らに問いかける必要があるでしょう。

### ポイント2 業務の適正な範囲内かを意識する

正当な業務目的であっても、その手段や方法が、行き過ぎれば、「パワハラ」となります。

怖いのは、これは仕事上の指示なのだから、何をやっても許されるという主観的感覚です。

指導をしなければならないとしても、今自分が行おうとしている指導方法が、果たして適切なものなのか、相当なものなのかを考える必要があります。

目的が、嫌がらせやいじめなら、そのほとんどは許されないと思います。問題は、目的は業務上の目的はあるけれども、その方法として適切かどうかということです。意識にのぼらないことも多く、またそれぞれの主観によるぶれも大きいので、判断が難しいところです。

自分としては、全くパワハラを行っているという認識がないままに、継続的にパワハラ行為を継続して、相手のメンタルに大きなダメージを与えてしまっていることも少なくありません。

例えば、できない部下をしっかりさせるためには、何度も厳しく注意しなければならないと考える上司も多いでしょう。

ところが、指導熱心のあまりに、何度も強く叱責を繰り返してしまうと、手段として相当とは言えず、パワハラと認定される可能性が出てきます。どんなに業務目的だったとしても、相手のためを思っていたとしても、指導のやり方が適正範囲を超えていたらパワハラになってしまうのです。

パワハラと指導の違いは、クオレシーキューブがまとめた対照表が参考になります。

部下が仕事上のミスを繰り返すときには、「イラッ」とすることもあるでしょう。

図表　パワハラと指導の違い

| | パワハラ | 指　導 |
|---|---|---|
| 目　的 | ・相手をばかにする、排除する<br>・自分の目的の達成 | 相手の成長を促す |
| 業務上の必要性 | ・業務上の必要性がない（個人生活、人格を否定する）<br>・業務上の必要性があっても不適切な内容や量 | 仕事上必要性がある、または健全な職場環境を維持するために必要なこと |
| 態　度 | 威圧的、攻撃的、否定的、批判的 | 肯定的、受容的、見守る、自然体 |
| タイミング | ・過去のことを繰り返す<br>・相手の状況や立場を考えずに | ・タイムリーにその場で<br>・受け入れ準備ができているときに |
| 誰の利益か | 組織や自分の利益優先 | 組織にも相手にも利益が得られる |
| 自分の感情 | いらいら、怒り、嘲笑、冷徹、不安、嫌悪感 | 好意、穏やか、きりっとした |
| 結　果 | ・部下が委縮する<br>・職場がぎすぎすする<br>・退職者が多くなる | ・部下が責任を持って、発言、行動する<br>・職場に活気がある |

（出典：株式会社クオレシーキューブ作成資料より）

そのとき感情に任せて、仕事上のミスをした部下を怒鳴りつけてしまっていないでしょうか。指導の必要性があっても、怒りの感情をぶつけてしまうと、それが「パワハラ」になってしまう可能性があります。

職場では、怒りの感情をコントロールすることも重要です。そのためには、最近よく耳にするようになった「アンガーマネジメント」を身に付けるのが効果的です。

ポイント解説

## アンガーマネジメントって何?

アンガーマネジメントとは、直訳すれば怒りの感情を管理することですが、「後悔しない怒り方をすること」「怒る必要のあることは上手に怒り、怒る必要のないことは怒らないようになること」といった技術を身に付けるものです。

具体的には、以下の五つです。

①怒りは第二感情であり、その下にある第一感情（不安、苦しい、つらい、悲しいなど）に目をむける

②出来事に対する自分なりの意味付けがあって、怒りの感情が生まれることを理解する

例えば、列に割り込んで入ってきた人に対して、怒りの感情が生まれるのは、列に割り込んできた事実について、「列に割り込むとはけしからん」という意味付けがあるから。その自分なりの意味付け「○○すべき」を再点検してみる

③怒りの温度（点数）を測ってみる

例えば、「今の自分の怒りの温度は、10レベル中の5くらいだな」といった具合

④怒りの感情は長くて6秒間なので、6秒間、自分なりの落ち着く言葉（例えば「大丈

夫、大丈夫」等）を心の中で唱えてみる

⑤起きた出来事に対して、行動によって、変えられるものか、変えられないものかを考えて、仕分けしてみる

このような技術があります。つい「カッ」となって、感情に任せて部下を怒鳴ってしまうという方は、このアンガーマネジメントを学んでみてはいかがでしょうか。

アンガーマネジメントに興味のある方は、一般社団法人日本アンガーマネジメント協会のホームページ（https://www.angermanagement.co.jp/）を覗いてみてください。

## ポイント3　部下のメンタル耐性を意識する

自分のころはこうして鍛えられた、別の部下ではこの指導方法で大丈夫だったという基準をあらゆる部下の指導に当てはめるのは危険です。部下のメンタル耐性が脆弱な場合には、ちょっと強く指導したことでも心が折れてしまうかも知れません。その原因が部下のメンタルが弱いからだとしても、上司は結果責任を問われるリスクにさらされます。

上司は部下のメンタル耐性が弱い場合には、その弱いメンタルを前提とした上で、適切な指導をしなければならないのです。

パワハラの場合、セクハラと異なり、相手が「嫌だな」と思ったとしても、業務上の指導として必要なものは、パワハラだとは評価されませんが、相手の性格やメンタル耐性に応じて、この指導が心理的負荷をかけすぎていないかを注意する必要があるのです。

その意味で、部下とはよくコミュニケーションをとり、部下それぞれのメンタル耐性、どのような指導が心理的な負荷をかけずに効果的なのかをリサーチしておくとよいでしょう。

## ポイント4　部下はNOと言えないことを意識する

セクハラと同様に、パワハラの場合にも、部下は、こちらが思っている以上に、上司のパワーを意識して、嫌なことでも「嫌だ」「NO」とは言えないものであることを意識する必要があります。「NO」と断ることで、上司の気を悪くしないか、仕事上の不利益を課せられないだろうかと思って、嫌だ、断りたいと内心思っていても、そう言えないものなのです。

業務上、必要な指示であれば、部下に対してしてもいいですし、むしろしなければなりませんが、できない仕事や過度な負担をかける指示であったとしても、部下はなかなか「NO」と言えないことを意識して、適切な指示をする必要があります。

そして、セクハラのところでお話したとおり、こうした場合にはパワハラになることを知識として知っておくことと、相手を人として尊重しているかを問いかけることが大切です。

# 第6章

# 会社が取り組むべきハラスメント防止対策

セクハラ、パワハラといったハラスメント問題は、一度発生をしてしまうと、そのダメージは大きく、当人同士だけにとどまらず、会社にもダメージがあります。

そこで、会社としてはハラスメントが発生する前に、未然に防止したいところです。会社は、ハラスメント問題を防止するために、どうすればいいのでしょうか？

この章では、会社としてのハラスメント防止対策のポイントについてお話いたします。

### ポイント1　まずは社内状況の実態把握

まずは社内においてセクハラ・パワハラの実態を把握することから始めましょう。セクハラ・パワハラに対する意識や意見を聞くためのアンケートや部署ごとに話し合いの機会を設け、社内でセクハラ・パワハラがどのように考えられているのかを把握することが重要です。

セクハラ・パワハラに対しての認識は人それぞれ違うため、もし意識が低いようであれば、意識を高める必要があります。

### ポイント2　「ハラスメントは許さない！」というトップのメッセージの発信と社員の意識の共有化

ハラスメント防止には、社内で「ハラスメントは許されない！」という意識が共有されることが重要です。

そのためには、会社トップ（社長）の「ハラスメントは許されない！」という強いメッセージが重要です。

社長が、「わが社においてハラスメントは絶対に許さない！」というメッセージを明確に打ち出すことで、社員の中にハラスメントへの意識は高まることでしょう。

ハラスメントは、多くの裁判例にもあるように、役員や管理職といった権限の強い人がやりやすいものです。

そして、被害者はハラスメントを受けても権限の強い加害者からの「報復」が怖くて我慢し、他の社員は、ハラスメントを目撃しても、自らに矛先が向くことを怖れて、見て見ぬふりをしてしまうものです。こうして、ハラスメントが蔓延する職場環境の劣悪なブラック企業になっていくのです。

その意味で、会社で最も権限の強いトップが「セクハラは絶対に許さない！」などと明確なメッセージを発することが必要かつ重要なのです。

会社のトップが、ハラスメントは許されないと明確に宣言している以上、役員や管理職はハラスメントをしないように意識するでしょうし、もしハラスメントが発生した場合には、被害者や他の社員は会社に相談や通報をしやすくなります。

トップのメッセージは、「許されない！」という理念だけではなく、「企業としてハラスメントには厳しく対処する」ということをしっかりと社員に伝えることが重要です。

具体的には、就業規則内にハラスメント禁止規定を明記し、ハラスメントが起こってしまった場合の罰則を設け、社員に周知します。

そして、意識を高めるために、定期的に研修や社内冊子を配布するとよいでしょう。周知のために、社内報やメールも活用します。

さらに、「ハラスメントは許されない！」というメッセージに合わせて、わが社は社員一人ひとりを人として尊重するという方針を社員に周知することも効果的です。

ハラスメントは、人を軽く見ること、人を自らの欲望を満たすための道具として見ること、人を人として尊重しないことから起こるものです。

だからこそ、その反対の「人を人として尊重する」意識を高めることによって、ハラスメント防止につながりますし、職場環境のよい働きやすい職場になることでしょう。

また、ハラスメント防止策として、研修は有効な手段です。ただし、研修をやってさえおけば、会社としては、それでいいというわけではないことに注意が必要です。

Q

**会社はセクハラ研修をやっておけば、責任を問われないの？**

わが社の営業課で、A課長が、課内のB子さんに対して、しつこく食事に誘ったり、腰を触ったことについて、B子さんが、A課長とうちの会社をセクハラで訴えてきました。

わが社では、セクハラ研修を年に一度やって注意してきましたから、あくまでA課長個人の問題で、わが社に責任はないですよね？

A

セクハラ研修をやったからといって、当然に会社に責任がないことにはなりません。

結果としてセクハラ問題が発生した場合には、会社のセクハラ防止措置が不十分ではないかとの目で見られます。

会社が免責されるには「当社では、十分にセクハラ防止措置を講じていた」と会社側できちんと説明する必要があります。年に一回のセクハラ研修では、免責は厳しいでしょう。

裁判例にもセクハラ防止研修をやっていたでは免責されず、中途採用者に対するフォローも必要と述べ、これを怠った会社は加害者とともに、被害者に対する損害賠償責任を負うとした例があります。

### ポイント3 相談体制の整備と周知

ハラスメントを防止するためには、実際にハラスメントが起こってしまった場合の相談体制を整備しておくことが必要不可欠です。

ただし、単に相談窓口を設置すればよしとするのではなく、ハラスメント被害者が安心して相談できる場所であることがポイントです。

こうした体制が整備かつ周知されることによって、ハラスメントが発生した場合の救済窓口になるだけではなく、加害者となり得る社員にも、「もし、自分がハラスメントをすると相手が相談窓口に行って問題とされる」「会社から懲戒処分を受けるかもしれない」といった意識を持たせることになり、「ハラスメントをしないでおこう」とハラスメント抑止力が働くのです。

ハラスメント相談窓口があることは、社内報やパンフレットなどを用いて、社員にしっかりと周知しておきます。周知が不十分ですと、せっかく相談窓口を設置していても、被害者のハラスメント救済になりませんし、ハラスメント抑止力も働かなくなります。

相談窓口では、男性複数名、女性複数名の名簿を作成して、被害者に相談しやすい担当者に直接アクセスできるようにしておくと相談しやすいと思います。

ハラスメント被害者は、ハラスメント加害者と懇意にしている相談担当者には、とても相談できるものではありません。またセクハラを受けた女性は、男性相談担当者には、相談できないということもあるでしょう。

相談担当者名簿に登載する、担当者の人選については、ハラスメント問題について造詣があり、中立公平に対応をすることができる人材を選任することが必要です。

担当者の対応によっては、被害者が二次被害を受けてしまう可能性もありますので、人選とならんで担当者の研修も重要です。

また、相談窓口で受けた状況によって、相談担当と人事担当が一緒に迅速に対処できる体制も整備することをお勧めします。

ハラスメント問題はとてもセンシティブな問題のため、プライバシー保護が重要です。

プライバシー保護のための対策を講じ、対応に関わった部署や相談窓口担当者は、そこで知った情報については、他に漏らさないようにします。

そして、被害者を含め、事実確認に協力をした社員などのプライバシーが保護されること、不利益な扱いを受けないことを明示し、周知させることが必要です。

## ポイント4 ハラスメント発生時の迅速かつ適切な対応のための体制づくり

実際にセクハラやパワハラが起こった後になって初めて対処方法を検討していては、対応を遅らせることになります。

迅速に対処できるよう、問題が起きた場合の対応部署、対応手順などをあらかじめ決めておきましょう。

その際にポイントとなるのは、以下の三つです。

**①事実認定を迅速かつ正確に行う**
**②行為者・被害者に対する処置をする**
**③再発防止の措置を講ずる**

### ①事実認定を迅速かつ正確に行う

まずは担当者が行為者・被害者の双方から事実確認を行います。中立公平な立場で、当事者双方が言っている事実、言い分を聴き取りします。聴き取りの場面では、「あなたの方がむしろ悪い」「あなたの言うことが正しい」といった評価をしないで、言っていることをまずは受けとめることが大切です。

とくに、被害者からの聴き取りについては、「あなたにも隙があったんじゃないの」といった二次被害を発生させないように、注意する必要があります

双方が言っている事実について、重なっている事実（争いのない事実）と食い違いのある事実（争いのある事実）について、仕訳をします。

争いのない事実から、どのような事実が認められるかを確認します。

争いのある事実については、何等かの証拠があれば、それを確認しますし、どちらの言い分が、具体的かつ合理的なものかを考えながら、事実認定をしていきます。

そうして認められた事実がハラスメント行為にあたるのかを評価します。

**②行為者・被害者に対する処置をする**

行為者にハラスメント行為が認められたならば、行為者に対して就業規則に基づき、相当な処分をします。

ここで大切なことは、加害者の役職や仕事ができるかなどは、考慮しないことです。

いかに加害者の社内の地位が高くても、どんなに仕事ができたとしても、悪質なハラスメ

ント行為が認定されたのであれば、就業規則に基づいて、厳正に処分する必要があります。

ここで、役職が高いからといって、処分を甘くすると、被害者の落胆はもちろんのこと、社内において「この会社は、ハラスメントに対して緩い会社なんだ。弱い者が虐げられるのだ」といった空気が蔓延することにもなりかねません。

被害者に対して必要があればメンタルケアなどの処置を行います。

被害者と加害者が同じ部署にいて、被害者が、加害者と同じ部署で仕事をすることが、心理的に困難な場合には、被害者の意向を尊重しつつ、人事担当者と相談しながら必要に応じて配置転換を行います。

**③再発防止の措置を講ずる**

ハラスメント問題が発生した場合には、必ず再発防止措置を取る必要があります。

起きたハラスメントは、加害者の個人的な問題に留まらず、その部署全体、会社全体の環境によって、引き起こされた可能性があります。ハラスメント加害者を処分すれば、それで問題が解決されるわけではありません。

なぜ、ハラスメント問題が発生したのか、会社や部署の職場環境が原因となっていないのか、原因を究明します。その究明した原因を踏まえて、適切な再発防止措置を取ります。

ハラスメントは、相談しづらいものであり、こうして事件として明るみになるほどのハラスメントがあるということは、潜在的には、軽微なものを含めて、それ以外のハラスメント問題があると見た方がよいでしょう。

そこで、他に社内でハラスメント問題が発生していないかを確認する必要があります。当事者のプライバシーに配慮しつつも、アンケート実施や個別面談をして、情報収集とあわせて、社員に注意喚起を促します。

そして、ハラスメント問題発生を受けて、改めて、会社のトップが「ハラスメントは許されない！」と社員にメッセージを伝えることも必要でしょう。

ポイント解説

## 職場の実態調査から見るパワハラの実態と効果的な防止対策

厚労省「職場のいじめ・嫌がらせ問題に関する円卓会議」から「職場のパワーハラスメントの予防・解決に向けた提言」が2012年3月に公表されて4年あまりが経過したことを踏まえ、2012年から2016年までの間におけるパワハラの発生状況や企業の取組状況などを把握し、今後の施策に反映させることを目的に調査が実施されました。

今回ご紹介する調査結果は、企業調査と従業員調査からなるアンケート調査で、2016年7月~10月にかけて実施されました。この調査結果から、パワハラの現状とその対策が見えてきます。

### ①パワハラの発生状況

・従業員向けの相談窓口で従業員から相談の多いテーマは、パワハラ(32・4%)が最も多い。セクハラについても14・5%あった。

・過去3年間に、パワハラを受けたことがあると回答した従業員は、32・5%と、従業員の3人に1人がパワハラを受けたと回答した。ちなみに、2012年度調査では、25・3%だった。

**②パワハラの予防・解決に向けた取組状況**

・パワハラの予防・解決に向けた取組を実施している企業は、52・2%であり、企業規模が小さくなると実施比率は相対的に低くなるものの、2012年度と比較するとすべての従業員規模の企業で比率が高くなっている。

・パワハラに限らず、従業員向け相談窓口を設置している企業は73・4%であり、企業規模が小さくなると設置比率は相対的に低くなるものの、2012年度と比較するとすべての従業員規模の企業で比率が高くなっている。

（コメント）　パワハラの予防・解決に向けた取組を実施すること、従業員相談窓口を設置することは、これからは必須事項と考えておいた方がいいでしょう。

**③パワハラの予防・解決に向けた取組の主な効果**

・企業がパワハラの予防・解決に向けた取組を積極的に実施すると、従業員にとってはパワハラに関する相談がしやすくなるとともに、企業にとってもパワハラの実態が把握しやすくなる。

（コメント）　企業がパワハラの予防解決に積極的に取り組んでいることが、従業員に伝わることで、相談しやすくなります。また、相談を受けることで、企業は実態をつかみ、解決や予防の手を打つことが可能となります。

　パワハラがあっても、従業員が企業を信頼せずに、泣き寝入りして、表にあらわれないと、パワハラはなくならず、メンタル不調者の発生、職場環境の悪化が進んでいくことになります。
・パワハラの予防・解決に向けた取組により職場環境が変わる、コミュニケーションが活性化するほか、「休職者・離職者の減少」「メンタル不調者の減少」などの付随効果がみられる。
（コメント）　パワハラ対策は、従業員を大切にする取組でもありますから、単にパワハラだけの予防ではなく、企業の職場環境をさらによくするための効果的な取組と言えます。
・パワハラの予防・解決のための効果が高い取組として、相談窓口の設置や従業員向けの研修を実施上げている企業の比率が高く、企業がパワハラの予防・解決に向けた取組を複数実施することが、従業員にとって、職場環境の改善などの効果を感じやすい。

（コメント）　パワハラの予防・解決のために、企業は、パワハラ相談窓口の設置、従業員向け研修をまずは行うこととして、その上にアンケートの実施やトップの宣言などを加えて、複数の取組を実施することが効果的です。研修は有効な対策ではありますが、研修だけをやればよしとするのではなく、複合的な対策をとることで、パワハラの予防・解決と職場環境の改善は図られていくはずです。

　複合的な対策を取ることは、企業の積極的なパワハラに対する取組を従業員に知らせることにもなるので、従業員の企業に対する信頼も上がるでしょう。

**パワハラの予防・解決に向けた取組の主な課題**

・企業規模が小さくなるにしたがい、相談窓口の設置比率が低くなり、パワハラを受けた場合に企業とは関係ないところに相談する比率が高くなることから、パワハラ実態が相対的に把握されていない。

（コメント）　企業規模が小さいところだと相談窓口がない結果、企業がパワハラ実態のことを把握できない可能性が高くなります。小規模企業では、相談窓口を設置するとともに、アンケート等を実施することで、積極的に実態把握につとめる必要があるでしょう。

・パワハラ予防解決に向けた取組を考えていない企業は、「職場の生産性が低下する」「企業イメージが悪化する」などの認識が取り組んでいる企業に比べて特に低い。

（コメント）パワハラのリスク「職場の生産性の低下」「企業イメージの悪化」についての認識が低いと、企業の取組が進まず、その結果、パワハラリスクが発生しやすくなります。

・パワハラを受けた経験が一度であっても、怒りや不満、仕事に対する意欲の低下などの心身への影響が多く見られ、不眠、休み、通院、服薬などのより深刻な心身への影響は、パワハラを受けた頻度が高くなるほど比率が大きく高まる。

（コメント）一度だけでのパワハラであっても、受けた側の心身へのダメージは大きく、さらにパワハラが繰り返されることによって、メンタルまでやられてしまうこともあります。企業は、パワハラのダメージの大きさを理解して、積極的に予防・解決に取り組む必要があります。

・パワハラを受けたと感じた者が、「何もしなかった」と回答した比率は40・9％であり、その理由として「何をしても解決にならないと思ったから」「職務上不利益が生じると思ったから」と回答した比率が高い。会社関係に相談したのが20・9％、会社とは関係のないところに相談したのは24・4%。

（コメント）　相談しづらい状況があるということです。会社関係者に相談すると、解決どころか、逆に職務上不利益が生じると思っているような状況です。

　そのため、パワハラがあっても企業は把握できない状況にあると言えます。把握できないために、何ら対策が取れないため、パワハラが放置されてしまうことになります。パワハラを受けた従業員は、我慢して、メンタルに支障をきたす、退職のリスクを抱えます。職場環境も悪くなるでしょう。

　そこで、企業としては、パワハラを受けた従業員が抵抗なく相談できる環境を整えておくことが重要なのです。
・パワハラの予防・解決に向けた取組について、〈企業が実施していると回答した比率よりも従業員が把握していると回答した比率が、相対的に低くなっている。
相談窓口の設置について、〈企業が相談窓口を設置したと回答しているのが82・9%であるのに対し、従業員が会社に相談窓口があると知っているのが45・5%と少なくなっている。

（コメント）　パワハラ相談窓口を設置したという企業の取組が、従業員に周知されていない状況が伺えます。従業員に知られていなければ、利用するという発想も起きません。従業員に周知させることも必要です。

**パワハラの予防・解決のための具体的な取組**

※（ ）内の数字は、パワーハラスメントの予防に効果を実感できた取組と回答した比率

**1．相談窓口の設置**（60・6％）

これは基本中の基本であって、セクハラについては設置義務があります。

男女雇用機会均等法で、事業主にはセクハラの被害を受けた人や目撃した人などが相談しやすい窓口を社内に設けることが義務づけられています。

さらに、セクハラ相談があったときは、すみやかに事実確認し、被害者への配慮、行為者への処分などの措置を行い、改めて職場全体に対して再発防止のための措置を行うことも義務とされています。

他方で、パワハラの場合には、現状、相談窓口の設置等は義務とまではされていません。しかし、厚労省はパワハラ対策についても「法制化」に向けて動いています。

現状では法令上義務化されていないとは言え、今の時代、パワハラ相談窓口を設置することは、マストだと考えた方がよいでしょう。

相談窓口があることで、企業としてはハラスメント被害の実態を把握し、その対策を取ることができますし、従業員に対する企業への信頼も維持することができます。

また、相談窓口があることは、その存在を従業員に周知させることとあいまって、ハラスメント防止にもつながります。

相談担当者については、社内の相談員だと、相談しづらい場合もありますので、外部相談員や弁護士などの相談員にも相談できるようにしておくとよいと思います。

**2．管理職を対象にパワハラについての講演や研修会を実施する**（74・2％）

管理職対象のパワハラ研修は、予防に対する効果が高いというアンケート結果が出ています。

これは、権限（パワー）を持つ管理職は、その地位と権限から、パワハラの主体となりやすいことから、部下に対して、どのような指示をすれば、パワハラとされてしまうかの知識を、研修によって得ることで、パワハラが防止されるのだと思われます。また、管理職を通じて、その部署内の従業員に対するパワハラ防止の指導も期待できるでしょう。

一般社員も含む従業員全体のパワハラ研修も効果的で必要ですが、それだけでよしとせずに、管理職だけを対象にした管理職向けの研修もぜひ実施したいところです。

**3・一般社員等を対象にパワハラについての講演や研修会を実施した**（69・6％）

一般社員を対象にした研修の場合、どのような行為が、ハラスメントにあたるのかを伝えるとともに、相談窓口を設置していることの周知、パワハラを受けたときに、どうすればいいのかの行動指針についても知らせることが大切です。

**4・就業規則などの社内規定に盛り込んだ**（48・4％）

セクハラやマタハラは、男女雇用機会均等法で、明確に就業規則の中で禁止事項として規定することが求められています。また、前述のようにパワハラについても厚労省が「法制化」に向け動いていることを考えれば、就業規則などの社内規定にパワハラ行為を禁止する規定を明確に定めておきましょう。後掲の規定を参考にしてみてください。

**5・ポスター・リーフレット等啓発資料を配付または掲示した**（45・7％）

「ハラスメントは許されない」「わが社ではハラスメント防止について真摯に取り組む」というメッセージを伝えるのには、ポスター掲示やリーフレットの配布は効果的です。

　また、相談窓口の存在について周知されることで、ハラスメント被害を受けた人が相談しやすくなるとともに、ハラスメント予防にもつながることでしょう。リーフレットの配布は、研修と同様に、一回限りでよしとせずに、定期的に行いたいところです。

**6・トップの宣言、会社の方針（CSR宣言など）に定めた**（54・4％）

「ハラスメントは許されない」とトップが明確に、会社の方針について宣言しておくことは、ハラスメント防止に効果的です。トップ自身が、その宣言にしたがって、わが身を律することは、当然必要です。

**7・アンケート等で、社内の実態把握を行った**（59・4％）

アンケートは、ハラスメントの実態把握にも役に立ちますが、従業員に注意喚起を与えるものにもなり、防止に効果的です。一回だけにとどまらず、定期的に実施したいところです。

　ただ、「ハラスメント加害者をあぶり出す」というような犯人捜しのニュアンスで、アンケートを実施してしまうと、社内の雰囲気がぎすぎすしてしまうので、質問内容については工夫が必要です。

また、アンケートに回答しやすいように、匿名を可とし、他の人の目に触れないように、直接に担当窓口に提出できるようにしておきましょう。

**8・職場におけるコミュニケーション活性化等に関する研修・講習等を実施した**（56・5%）

パワハラの背景には、上司と部下のコミュニケーション不足があることが多くあります。そこで、コミュニケーションが円滑にできるように研修を行うことは、パワハラ防止のために有用ですし、職場環境改善のためにも効果的です。

第5章でご紹介したアンガーマネジメント研修を取り入れることも効果的でしょう。

**9・再発防止のための取組を行った**（事案の分析、再発防止の検討など）（59・8%）

ハラスメントが発生した場合に、再発防止にむけて教訓として活かす必要があります。当事者だけの問題にせずに、組織的に改善すべき点はなかったのかを十分に検討し、改善点が見つかれば、今後のパワハラ防止に活用します。

例えば、営業部に対して、過大な営業目標が課され、それを達成するために、上司は部下に対して、過大なノルマを与えて、指導の度が過ぎてパワハラになった場合には、会社として営業部に対する過大な営業目標を課すこと自体を再検討することが必要です。

その上で、必要な指導として、どのような指導が望ましく、どのようなことがパワハラにあたるのかを周知させるのです。

なお、再発防止の取り組みにあたっては、当事者のプライバシーに十分配慮することも忘れてはなりません。


**10・社内報などで話題として取り上げた**（38・8％）

ハラスメント防止の取組は、リスクを回避するだけではありません。社内における良好な人間関係を構築し、職場環境を改善させるものです。

企業にとって必要不可欠な取組と言えます。

（懲　戒）
第４条　前条に定める禁止行為に該当する事実が認められた場合は、就業規則第○○条及び第△△条に基づき懲戒処分の対象とする。
（相談及び苦情への対応）
第５条　パワーハラスメントに関する相談及び苦情の相談窓口は本社及び各事業場で設けることとし、その責任者は人事部長とする。人事部長は、窓口担当者の名前を人事異動等の変更の都度、周知するとともに、担当者に対する対応マニュアルの作成及び対応に必要な研修を行うものとする。
２　パワーハラスメントの被害者に限らず、すべての従業員はパワーハラスメントに関する相談及び苦情を窓口担当者に申し出ることができる。
３　相談窓口担当者は、前項の申し出を受けたときは、対応マニュアルに沿い、相談者からの事実確認の後、本社においては人事部長へ、各事業場においては所属長へ報告する。人事部長又は所属長は、報告に基づき、相談者のプライバシーに配慮した上で、必要に応じて行為者、被害者、上司並びに他の従業員等に事実関係を聴取する。
４　前項の聴取を求められた従業員は、正当な理由なくこれを拒むことはできない。
５　所属長は、対応マニュアルに基づき人事部長に事実関係を報告し、人事部長は、問題解決のための措置として、前条による懲戒のほか、行為者の異動等被害者の労働条件及び就業環境を改善するために必要な措置を講じる。
６　相談及び苦情への対応に当たっては、関係者のプライバシーは保護されるとともに、相談をしたこと、又は事実関係の確認に協力したこと等を理由として不利益な取扱いは行わない。
（再発防止の義務）
第６条　人事部長は、パワーハラスメントが生じたときは、職場におけるパワーハラスメントがあってはならない旨の方針及びその行為者については厳正に対処する旨の方針について、再度周知徹底を図るとともに、事案発生の原因の分析、研修の実施等、適切な再発防止策を講じなければならない。

附則　平成○年○月○日より実施

出典：厚生労働省「職場のパワーハラスメント対策ハンドブック」

**【就業規則に委任規定を設けた上で、詳細を別規程に定める例】**

就業規則本体に委任の根拠規定を定め、これに基づいた別規程を定めます。この場合、別規程も就業規則に含まれます。

**【就業規則】**

(パワーハラスメントの禁止)

第□□条パワーハラスメントについては、第○○条服務規律及び第△△条懲戒のほか、詳細は「パワーハラスメントの防止に関する規程」により別に定める。

**―― パワーハラスメントの防止に関する規程 ――**

(目　的)

第1条　この規程は、就業規則第□□条に基づき、職場におけるパワーハラスメントを防止するために従業員が順守すべき事項及び雇用管理上の措置について定める。

(定　義)

第2条　パワーハラスメントとは、同じ職場で働く者に対して、職務上の地位や人間関係などの職場内の優位性を背景に、業務の適正な範囲を超えて、精神的・身体的苦痛を与える又は職場環境を悪化させる行為をいう。

2　前項の「職務上の地位や人間関係などの職場内の優位性を背景に」とは、直属の上司はもちろんのこと、直属の上司以外であっても、先輩後輩関係などの人間関係により、相手に対して実質的に影響力を持つ場合のほか、キャリアや技能に差のある同僚や部下が実質的に影響力を持つ場合を含むものとする。

3　第1項の「職場」とは、勤務部署のみならず、従業員が業務を遂行するすべての場所をいい、また、就業時間内に限らず実質的に職場の延長とみなされる就業時間外を含むものとする。

4　この規程の運用を受ける従業員には、正社員のみならず、パートタイム労働者、契約社員等名称のいかんを問わず会社に雇用されているすべての労働者及び派遣労働者を含むものとする。

(禁止行為)

第3条　前条第1項の規定に該当する行為を禁止する。

2　上司は、部下である社員がパワーハラスメントを受けている事実を認めながら、これを黙認する行為をしてはならない。

# おわりに

最後にお伝えしたいこと、それはセクハラ、パワハラは人権侵害行為であるということです。言い換えれば、人を一人の人として尊重していない行為です。

人は、人として尊重されず、道具や何かの手段として取り扱われると深く傷つきます。辛くて悲しいことです。酷い場合には、自分の生きる意味を見失うことにもなります。

私は、中学生や高校生に憲法を教えることがあるのですが、憲法で一番大切な価値は、「個人の尊重」であると伝えます。個人の尊重とは、その人を、自らの欲望や目的達成のための道具にするのではなく、人格を持った一人の人として尊重するということです。

一人ひとりが、個人として、一人の人格を持った人として、大切にされる会社では、職場は温かなものとなり、そこに所属する社員は個人としてのパフォーマンスが上がり、チームとしての業績も上がり、そして企業全体の業績もよくなることでしょう。

この会社で働くことを通じて、充実感、幸福感を持って仕事をすることができることでしょう。

坂本光司氏の「日本でいちばん大切にしたい会社」（あさ出版）では、社員を一人の人として大切にしている会社が紹介されています。そのような会社が、社員を幸せにし、顧客を幸せにし、そして社会に貢献していくのです。社員を一人の人として大切にする会社が、社会からも大切にしたい会社となるのです。

ハラスメントがない、社員を一人の人として大切にする会社が増えていくことによって、社会全体が温かなものになると思います。そして、一人ひとりが人として尊重される社会となっていくはずです。そのような温かな社会になっていけばいいと、心から思っています。

本書がハラスメント防止のため、そして、一人ひとりが大切にされる社会の実現の一助になれば幸いです。

最後に、お世話になった編集者の綱島秀夫さん、労働調査会の皆さまに厚く御礼を申し上げます。

令和元年5月

神坪浩喜

【著者プロフィール】

弁護士・元民事調停官、労務調査士
神坪　浩喜（かみつぼ・ひろき）

1968年生まれ。福岡県北九州市出身。

東北大学法学部卒。

2000年弁護士登録（仙台弁護士会所属）。

2005年あやめ法律事務所開設より所長を務めている。

2010年から４年間にわたり、仙台簡易裁判所の民事調停官（非常勤裁判官）として、多数の調停事件を扱い、この経験から、人間関係トラブルを抱える人に、民事調停の存在をかしこい活用法をしってもらうよう日々活動している。著書に、『セクハラ・パワハラは解決できる！～民事調停という選択肢』（労働調査会／2016.11）がある。

あやめ法律事務所
http://www.ayame-law.jp

本当に怖いセクハラ・パワハラ問題

令和元年５月31日　初版発行
令和２年３月19日　初版２刷発行

著　者：神坪　浩喜
発行者：藤澤　直明
発行所：労働調査会
〒170-0004 東京都豊島区北大塚2-4-5
TEL　03-3915-6401
FAX　03-3918-8618
http//www.chosakai.co.jp/


ISBN978-4-86319-721-3 C2030